KB089746

부의 열차에 올라타는 법

『お金持ち列車』の乗り方 ——
すべての幸せを手に入れる「切符」をあなたへ
末岡よしのり 著
東邦出版株式会社 刊
2019

"OKANEMOCHI RESSHA" NO NORIKATA:
SUBETENO SHIAWASE WO TENIIRERU 'KIPPU' WO ANATAHE
by Yoshinori Sueoka
Original Japanese edition published by TOHO PUBLISHING Co., Ltd., Tokyo.

The Road To The Rich

스에오카 요시노리 지음
유나현 옮김

월급의 굴레에서 벗어나
초고속으로 부자가 되는 길

부의 열차에 올라타는 법

비즈니스북스

부의 열차에 올라타는 법

1판 1쇄 인쇄   2020년 5월 6일
1판 1쇄 발행   2020년 5월 13일

지은이 | 스에오카 요시노리
옮긴이 | 유나현
발행인 | 홍영태
발행처 | (주)비즈니스북스
등 록 | 제2000-000225호(2000년 2월 28일)
주 소 | 03991 서울시 마포구 월드컵북로6길 3 이노베이스빌딩 7층
전 화 | (02)338-9449
팩 스 | (02)338-6543
e-Mail | bb@businessbooks.co.kr
홈페이지 | http://www.businessbooks.co.kr
블로그 | http://blog.naver.com/biz_books
페이스북 | thebizbooks
ISBN 979-11-6254-143-2   03320

잠자는 동안 돈이 들어오는 방법을 찾지 못하면,
당신은 죽을 때까지 일해야 할 것이다.

_워런 버핏

부자는 함부로 명함을 교환하지 않는다
좋은 인맥을 만드는 법

제3장

돈은 친구와 함께 온다
안전하게 돈을 불리는 법

제4장

돈, 어떻게 쓸 것인가?
현명하게 돈을 쓰는 방법

제5장

열차 강도를 피하려면
어떻게 해야 할까?
돈의 방어력을 높이는 법

건강은 돈으로
살 수 없다
건강, 가족, 친구를 잃지 않는 법

성공은 시간 관리에서
시작된다
효율적으로 시간을 사용하는 법

제9장

잘하는 일로
돈을 벌어라
재능을 갈고닦는 법

제10장

어떤 사람과 함께
탈 것인가?
믿음과 신뢰를 쌓는 법

슈퍼리치가 되는 가장 빠른 방법, 부의 열차에 올라타라!

부의 열차에 올라탈 수 있는 사람은 단 1퍼센트!

2017년 1월, 국제구호기구인 옥스팜ₒₓfₐₘ이 발표한 보고서에 전 세계는 경악을 금치 못했다. 세계 최상위 부자 8위까지의 자산 규모가 세계 인구의 절반에 해당하는 '36억 명'의 전 재산을 합한 것과 동등하다는 내용이었다. 단 여덟 명이 전 세계 하위 50퍼센트와 맞먹는 부를 소유하고 있는 것이다.

이렇듯 세상은 극소수의 부자와 부자가 아닌 대다수의 사람들로 나뉜다. 그리고 이들의 격차는 매년 더 크게 벌어지고 있다.

이 책에서 나는 사람들을 서민, 중산층, 부자로 나눴다. 세 가지로 분류한 기준은 다음과 같다. 일을 하지 않으면 당장 생계를 위협받는 사람들을 '서민'으로, 어느 정도 안정적인 생활을 하며 사회적 지위와 명예를 일궈낸 이들은 '중산층'으로 분류했다. 마지막으로 인생의 목표를 이룬 후 돈과 시간, 장소의 제약에서 벗어나 도움이 필요한 많은 사람에게 자신의 부를 환원하는 1퍼센트의 사람들을 '부자'라고 정의했다.

그렇다면 부자가 된 사람과 늘 돈이 부족한 사람의 차이는 무엇일까? 나는 인생의 목적지가 있느냐 없느냐에 따라 결정된다고 생각한다. 그리고 자신이 정한 목적지까지 데려다줄 수 있는 유일한 수단이 바로 '부의 열차'다.

일반 열차는 각 노선에 따라 종착역이 정해져 있다. 하지만 부의 열차는 스스로 목적지를 정할 수 있다. 여기서 열차는 '여행'을 상징한다. 우리는 각자 무언가를 달성하기 위해 이 세상에 태어났지만 목적지에 도달하는 사람은 극히 일부에 불과하다.

열차가 상징하는 것은 한 가지 더 있다. 그것은 바로 '노동'이다. 많은 직장인들이 돈을 벌기 위해 매일 만원 버스나 전철을 타고 출퇴근한다. 특히 출근 시간의 혼잡함은 말 그대로 살인적이다. 하루를 시작하기도 전에 불쾌지수가 치솟는다. 이 책을 읽고 있는 당신도 숨 막히는 일상에 스트레스를 받으며 겨우 버티고 있지 않은가?

이 책은 당신이 만원 전철에서 내려 진정한 목적지로 나아갈 수 있게 도와줄 것이다. 돈과 인연이 없는 사람은 부의 열차가 존재한다는 사실조차 모른다. 설령 열차의 존재를 알게 되어도 선뜻 전철에서 내려 부의 열차로 갈아타지 못한다.

꿈을 이루고 자신의 목적지를 향해 나아가려면 우선 만원 전철에서 내려야 한다. 부의 열차는 이미 당신의 눈앞에 정차해 있다.

왜 자동차가 아니라 열차일까?

나는 현재 일본 홋카이도에서 부동산 회사와 투자 회사 등 여섯 곳의 회사와 세 곳의 호텔을 경영하고 있다. 1,000채가 넘는 수익 부동산을 가지고 있어 '기가 건물주'라고 불린다. 일본 내에서도 개인 자산으로 부동산을 1,000채 이상 보유한 사람은 손에 꼽을 정도다. 이런 노하우를 바탕으로 일본 전역을 돌아다니며 부동산 투자 세미나를 개최해 강연을 하고 있다.

나는 강연을 할 때마다 수강생들에게 이렇게 말한다.

"부자가 되고 싶다면 부의 열차에 타세요!"

그러면 수강생들은 이런 질문을 던진다.

"왜 꼭 열차에 타야 하는 겁니까? 내비게이션도 달려 있고 내 마음대로 방향을 바꿀 수 있는 자동차가 목적지까지 가기에 더 적합하지 않나요?"

날카로운 질문이지만 다음과 같은 이유로 열차가 적합하다.

1. 자동차는 직접 운전하지만 열차는 직접 운전하지 않아도 된다.

열차에 타면 두 손과 두 발이 자유롭다. 하고 싶은 일을 하며 목적지까지 갈 수 있다. 도시락을 먹거나 술을 마셔도 되고 책을 읽거나 주변 사람과 눈을 마주치며 이야기를 할 수도 있다. 그러나 자동차의 경우, 직접 운전을 해야 한다. 졸음을 쫓으려 껌을 꺼내거나 잠시 한눈을 팔기만 해도 사고로 이어질 우려가 있다.

2. 자동차는 여유가 없지만 열차는 여유가 있다.

자동차를 운전하려면 앞을 주시한 채 양손은 핸들을 잡고 발은 끊임없이 액셀과 브레이크를 밟아야 한다. 몸을 1초도 자유롭게 움직일 수 없다. 창밖에 아름다운 바다가 펼쳐져도, 도로 주변에 꽃이 흐드러지게 피어 있어도 느긋하게 바라보며 제대로 감동을 느낄 수 없다.

3. 열차는 시간표대로 움직이지만 자동차는 도로 상황에 좌우된다.

열차는 정해진 시각에 출발하고 정해진 시각에 도착한다. 반면 자동차는 도로 상황에 따라 크게 영향을 받는다. 도로가 한산하면 쌩쌩 달려 예상 시간보다 빨리 도착할 수 있다. 하지만 앞에서 사고가 나거나 공사를 하는 등 도로가 정체되면 한동안 꼼짝도 할 수 없다. 열차를 타는 편이 일정 관리를 하기도 쉽고 안정적이다.

4. 열차에 비해 자동차의 사고 비율이 현저히 높다.

교통수단별 사망률을 비교해보면 자동차가 열차보다 열 배 이상 높다. 열차가 자동차보다 훨씬 안전하고 확실하게 목적지에 도착할 수 있는 교통수단이다.

5. 자동차는 다섯 명밖에 못 타지만 열차는 500명도 태울 수 있다.

일반적인 승용차는 운전석, 조수석, 뒷좌석을 모두 포함해도 다섯 명밖에 탈 수 없다. 그러나 열차는 한 칸에 50명씩 탈 수 있으므로 열 칸이면 500명이 탈 수 있다. 이것은 단순히 승객 수를 말하는 것이 아니라 얼마나 많은 사람을 행복하게 할 수 있느냐 하는 문제다.

6. 열차에서는 편히 쉴 수 있지만 자동차는 피로가 쌓인다.

자동차를 운전하다 졸면 자칫 큰 사고로 이어지거나 경찰의 단속에 걸릴 수도 있다. 하지만 열차에서는 자고 싶을 때 언제든지 잘 수 있다. 자동차를 운전하면 육체적·정신적 스트레스가 쌓이지만 열차를 타면 몸도 마음도 휴식을 취할 수 있으므로 건강에도 좋다.

7. 열차는 자동차보다 훨씬 빠르다.

자동차는 제한 속도가 있어서 도심에서는 시속 30~50킬로미터, 일반도로에서는 시속 60~80킬로미터, 고속도로에서는 시속 100킬로미터 이하로 달려야 한다. 그에 반해 열차, 특히 고속 열차는 시속 300킬로미터로 달릴 수 있다. 자동차와 열차가 동시에 출발한다고 가정하면, 하루에 이동할 수 있는 거리가 확연히 차이가 난다. 이때 이동 거리는 목표를 달성하는 데 걸리는 시간을 의미하며, 열차는 아무리 거리가 멀어도 순식간에 목적지까지 데려다준다.

왜 내가 열차를 고집하는지 이유를 알겠는가?

도보나 자전거를 이용해도 목적지에 도착할 수 있다. 하지만 그랬다가는 10년, 20년이 걸릴 수도 있다. 비교하자면, 도보나 자전거로 가는 사람은 '서민', 자동차로 가는 사람은 '중산층' 그리고 초고속 열차로 가는 사람은 '행복한 부자'다.

좋은 회사에 들어가도 부의 열차는 탈 수 없다

서민과 중산층 그리고 부자에 해당하는 사람은 구체적으로 어떤 사람일까?

먼저 서민을 살펴보자. 일본의 취업자 수 6,500만 명 중 피고용자는 약 5,700만 명이다(2016년 기준). 거의 90퍼센트가 피고용자, 즉 월급쟁이라는 뜻이다. 이들 대부분은 '서민 열차', 사람들이 꽉꽉 들어찬 만원 전철에 탄다.

다음으로 중산층을 살펴보자. 일본 국세청이 발표한 자료에 따르면, 일본의 취업자 중 연봉이 1억 원 이상인 사람은 약 200만 명이다. 이는 취업자 전체의 약 3퍼센트에 해당한다. 이 사람들은 이른바 '중산층 열차'에 탄 사람들로 수입은 안정적이지만 매일 힘들고 바쁜 업무에 시달린다.

이 두 열차 옆을 유유히 지나가는 열차가 바로 '부의 열차'다. 일본 인구 1억 2,000만 명 중 자산이 10억 원 이상인 사람은 약 280만 명, 전체 인구의 2퍼센트다. 수입이 아니라 자산을 기준으로 계산하면 부의 열차에 탑승할 수 있는 승객은 더 많아진다.

그런데 여기에는 큰 함정이 있다. 명문대를 나와서 대기업에 취직해도 중산층까지 올라가는 데 그친다는 점이다. 게다가 소위 명문대라 불리는 대학교는 수없이 많다. 대부분의 사람들은 좋은 대학교를 나와 대기업, 유명 기업, 상장 기업에 취직하는 것을 목표로 한다.

그러나 아무리 연봉이 높은 회사라도 보너스로 1억 원 이상 주지 않는다. 누군가의 밑에서 일하는 노동자의 삶을 선택한 순간, 이미 부의 열차에 올라타기란 어려워진다.

그렇다면 어떻게 해야 할까? 답은 부의 열차의 '티켓'을 사는 것이다. 열차를 타거나 갈아타려면 반드시 티켓이 필요하다.

부의 열차 티켓의 가격은 10억 원이다

부의 열차에 타려면 과연 얼마가 있어야 할까? 단도직입적으로 말하자면 부의 열차 티켓을 얻으려면 적어도 10억 원은 있어야 한다. 놀랄지도 모르지만 사실이다. 수중에 10억이 있으면 레버리지 효과 leverage effect (지렛대의 원리)를 활용할 수 있다.

가령 10억 원을 가진 사람이 부동산 투자를 한다고 해보자. 10억 원을 은행에 정기예금으로 맡기면 은행은 흔쾌히 돈을 빌려줄 것이다. 이 빌린 돈이 투자의 레버리지가 된다. 즉, 자신의 돈을 거의 쓰지 않고 부동산 투자를 할 수 있다. 투자로 연 10퍼센트의 수익을 내는 건 그리 어렵지 않으므로 자산은 매년 1억 원씩 증가한다.

이때 처음 마련하는 목돈을 '종잣돈'이라고 한다. 투자한 돈은 크게 불어서 돌아오므로 큰 열매를 맺기 위한 '씨앗'이라는 뜻에서 종잣돈이라고 부른다. 요즘 말로 하면 투자금이라 할 수 있다.

아오키 유지青木雄二의 《나니와 금융도》ナニワ金融道는 돈에 대한 강한 집착과 열망을 그린 만화다. 여기에는 주인공이 일하는 사채 회사로부터 빌린 돈의 변제를 요구받은 두 여성이 이런 대화를 하는 장면이 나온다.

"잔금이 4,900만 원이니까 월 이자는 130만 원 정도야. 월급 실수령액이 160만 원인 우리 둘이 협력해서 매달 100만 원씩 갚아봐야 이자도 채 안 돼. 100만 원으로는 평생 갚아도 다 못 갚아. 사람이 이렇게 꿈도 희망도 없이 살 수는 없잖아….'

이 정도 액수의 돈을 빌리는 것만으로 평생 이자를 갚기 위해 일

해야 하는 것이다. 이처럼 5,000만 원에 '노예 열차'를 탈 수도 있고,
10억 원으로 평생 '돈의 주인'이 될 수도 있다.

부의 열차 티켓은 세 종류다

서민 열차나 중산층 열차에 탄 사람들은 어떻게 해서든 부의 열차로
갈아타려고 한다. 하지만 마음대로 되지는 않는다. 역무원이 와서
이렇게 묻기 때문이다.

"이 열차의 티켓을 갖고 계십니까?"

티켓이 없으면 아무리 타고 싶어도 탈 수 없다. 그렇다면 티켓은
어디서 구할 수 있을까?

부자 연구의 일인자인 가야 게이치加谷珪一에 의하면 자산 10억 원
이상의 부자는 다음 세 종류로 분류할 수 있다고 한다.

    1. 연예인, 운동선수, 의사, 변호사 등 특수 전문직 … 20%

    2. 기업 경영자 … 40%

    3. 부동산 소유자 … 40%

유산 상속이나 복권 당첨 등 운이 좌우하는 경우를 제외하면 부
자가 되는 방법은 최종적으로 이 세 가지라고 볼 수 있다.

나는 이 세 가지 티켓 중 가장 손에 넣기 쉬운 것이 '부동산 티켓'

이라고 생각한다. 즉, 수익 부동산이나 투자용 부동산을 보유하는 것이다.

첫 번째 '특수 전문직 티켓'은 이름 그대로 특수한 것이기 때문에 보통 사람은 손에 넣기 어렵다. 타고난 신체 능력이나 용모, 예술 감각 등이 요구되고 체력과 나이에도 제한이 있다. 그래서 특수 전문직 티켓보다는 두 번째 '경영자 티켓'이 좀 더 가능성이 높다. 그러나 여기에도 난관이 존재한다. 벤처기업의 20년 뒤 생존율은 겨우 0.3퍼센트에 불과하다. 치열하게 노력해도 성공 확률은 희박하다.

물론 부동산 투자를 하는 데에도 뛰어넘어야 할 벽은 수없이 많다. 하지만 세 가지 티켓 중에서는 가장 가능성이 높은 티켓이라고 자부한다.

당신은 어떤 티켓을 손에 넣겠는가?

지금 당신의 열차는 어디를 향하고 있는가?

인생을 기차 여행에 비유해보자. 기차를 타기 전에 먼저 어디로 갈지를 정해야 한다.

플랫폼에 정차해 있는 각 열차의 도착지는 모두 제각각이다. '좋은 사람들에게 둘러싸인 행복한 인생'이라고 표시된 열차가 있는가 하면, '빈곤하고 스트레스 받는 인생'이라고 표시된 열차도 있다. 물론 둘 중 더 많은 승객이 타고 있는 것은 후자다.

열차에는 반드시 출발지와 도착지가 있다. 인생에서 가장 중요한 출발지는 어디일까? 바로 첫 직장이다. 장래를 충분히 고민해서 직장을 선택하는 사람도 있지만 '일단 어디든 들어가고 보자'는 마음으로 취직하는 사람도 많다.

중요한 것은, 당신이 다니는 회사가 지금 타고 있는 열차의 대략적인 행선지를 결정한다는 점이다. 그만큼 어떤 열차를 타느냐가 당신의 인생을 좌우한다. 한번 서민 열차에 탑승하면 그 열차를 계속 타고 가게 될 가능성이 크다.

열차에 이미 올라탔다면, 지금 당신이 탄 열차에는 도착지가 표시되어 있는가? 표시되어 있다면 뭐라고 적혀 있는가?

도착지가 쓰여 있지 않더라도 간단히 확인하는 방법이 있다. 취직하고 5년 정도 회사를 다니면 타사와 비교해 자신의 급여 수준을 판단할 수 있다. 또는 같은 직장에 다니는 선배나 상사를 보면 10년 후, 20년 후 자신의 모습이 어떠할지 그려질 것이다.

당신이 탄 열차의 도착지를 다시 한 번 잘 확인해보라. 혹시라도 거기에 '어쩐지 실패할 것 같은 인생'이나 '불행을 떠안는 인생'이라고 적혀 있지 않은가? 그렇다면 곧장 열차에서 내려야 한다.

어디서 어떤 열차를 타든 이 세상에는 무수한 역과 분기점이 존재한다. 열차를 갈아타는 것은 간단하다. 새로운 세계로 뛰어들 용기만 있으면 된다. 당신은 언제든지 부의 열차로 갈아탈 수 있다.

자, 이제 준비되었는가?

부의 열차 출발 신호가 떨어졌다.

스에오카 요시노리

The Road To The Rich

제1장

부의 열차의
목적지는 어디인가?

가치관과 목표를 정하는 법

현실에 안주하는 승객은
뛰어내리기를 두려워한다

✦　　　　　　　　　하루 45만 명이 열차를 타고 내리는 도쿄
역은 고속철도인 신칸센의 주요 기점이다. 신오사카 역까지 운행하
는 도카이도 신칸센을 비롯해 도쿄의 북동쪽 지방으로 향하는 도호
쿠 신칸센, 조에스 신칸센, 호쿠리쿠 신칸센 등 일본 전역으로 향하
는 다양한 열차가 매 시간 오고간다.

　이 중 어떤 열차를 타느냐에 따라 도착 지점이 달라진다. 예를 들
어 니가타에 스키를 타러 가고 싶은데 간사이행 열차를 타면 스키를
탈 수 없다. 교토에 가서 신사와 절을 구경하고 싶은데 도호쿠행 열
차를 타면 눈밭만 실컷 구경하게 된다.

인생이라는 열차도 똑같다. 모두 같은 곳에서 출발하지만 기점이 되는 역에서 어떤 열차를 타느냐에 따라 이후의 인생은 완전히 달라진다. 수많은 부모들이 자식의 성공을 바라며 장미빛 미래를 보장해 줄 것 같은 열차에 태운다. 부모가 바라는 자식의 미래와 자식이 그리는 미래가 같은 목적지를 향한다면 문제가 없다. 다만 이 두 방향이 일치하기란 무척 어렵다. 예를 들어 자식이 자신만의 아이템으로 창업을 하고 싶어 해도 부모는 안정적이라는 이유로 '공무원 열차'에 태운다. 그렇게 몇 년이나 공무원 열차를 타고 가다보면 자신의 목적지와 다르다는 것을 알면서도 평생 거기서 내리지 못한다. 공무원 생활 20년에 일을 그만두고 새로운 일을 시작했다는 이야기는 거의 들어본 적이 없다.

이처럼 다른 사람의 말에 휩쓸려 잘못된 열차에 타면 만족스러운 삶을 살 수 없다. 애초에 자신이 원하는 목적지로 가지 않는 열차이기 때문이다.

인생의 목적지를
정기적으로 확인하라

자신이 탄 열차의 목적지는 정기적으로 확인하는 편이 좋다. 모르는 사이에 노선이 바뀌어 다른 방향으로 가는 경우도 있다. 부의 열차로 갈아타는 역은 스스로 정할 수 있다. 지금 타고 있는 열차에서 진심으로 내리고자 할 때, 그곳이 바로 환승역이다.

자신이 탄 열차가 부의 열차가 아니라는 것을 알아챘다면 한시라도 빨리 내려야 한다. 가장 무서운 것은 다른 방향으로 가는 열차에 계속 있다가 내릴 의지조차 잃어버리는 것이다. 사람들의 90퍼센트는 자신이 원하는 목적지로 가지 않는 열차를 타고 있다. 순환선을 떠올려보면 이해하기 쉬울 것이다. 얼핏 일직선으로 달리는 것처럼 보이지만 같은 자리를 빙글빙글 돌 뿐이다.

부자는 다
나쁜 사람일까?

✦　　　　　　오카모토 가즈히사岡本和久의《아이와 함께
듣는 머니 레슨》親子で学ぶマネーレッスン에는 일본 중·고등학생을 대상으
로 조사한 '돈과 부자에 대한 인식' 결과가 실려 있다. 그 내용은 다
음과 같다.

· '돈'을 보면 어떤 이미지가 떠오르나요?

깨끗하다 … 17%

더럽다 … 83%

- '부자'는 어떤 사람일까요?

좋은 사람이다 … 20%

나쁜 사람이다 … 80%

왜 사람들은 부자에 대해 '더럽다', '나쁜 사람이다' 등 부정적인 인식을 가지고 있을까?

그 이유는 2000년가량 이어진 일본의 농경문화에 있다고 생각한다. 뭐든지 남들과 똑같이, 튀지 않게 하는 것을 바람직하게 여기는 문화가 남들보다 월등히 돈을 많이 버는 것을 부정하기 때문이다. 아무래도 농사는 많은 사람이 힘을 합치지 않으면 농작물을 거두어들이기 어렵다. 그 결과 일본에서는 '청빈사상'을 높이 사게 되었다. 학교 교육이나 대중 매체도 '부자는 나쁜 짓을 해서 돈을 번다'는 이미지를 주입하는 경향이 있다.

돈은 바람직한 것이라는 믿음을 가져라

이런 편견은 부자가 되려고 하는 사람들을 옭아맨다. 부자가 되기 위해 무언가 해보려고 할 때마다 잠재의식이 멋대로 브레이크를 건다.

서양인들은 수렵 생활을 했다. 항상 자신보다 큰 목표물과 싸워서 제압하는 데 성공하면 용기를 칭찬받았다. 다시 말해 큰 목표물(돈)을 손에 넣은 사람이 존경받는 문화인 것이다. '아메리칸 드림'이라는 말이 있을 정도로 공정한 비즈니스를 통해 부를 쌓고 성공하는 것을 장려한다. 이것이 유럽이나 미국에서 수많은 대부호가 탄생하는 이유다.

부의 열차 승객이 되려면 '부자는 악惡'이라는 고정관념을 버려야 한다. 부자를 나쁘게 생각하는 것은 돈을 내는 쪽에 서 있기 때문이다. 마치 봉건 시대 농민처럼 돈은 빼앗기는 것이라고 생각한다면 그것은 서민 열차를 탄 승객의 발상이다. 부의 열차 승객은 이와 반대로 돈은 저절로 모이는 것이라고 생각한다. 그리고 돈으로 인해 많은 사람이 행복해진다고 믿는다.

당신의 가치는
얼마인가?

✦   세상에는 부자가 될 수 없는 사람이 있다.
바로 '보람 열차'에 탄 사람들이다. 이들은 일할 때 대가를 바라지 않
고 오로지 보람만을 추구한다.

　얼마 전, 자유기고가로 일하는 42세 남성을 만났다. 그가 물었다.

　"저도 부자가 될 수 있을까요?"

　나는 망설이지 않고 솔직하게 대답했다.

　"유감이지만 지금 상태로는 평생 돈 문제로 고생할 겁니다."

　그의 원고료는 기사 한 편에 20만 원 정도였다. 게다가 원고 한 편
을 완성하려면 취재하는 데 1일, 집필하는 데 꼬박 하루가 걸린다고

했다. 이를 기준으로 계산해보면 한 달 동안 하루도 쉬지 않고 일해도 기껏해야 300만 원을 벌 수 있다는 뜻이다.

건강보험료와 연금, 각종 세금을 제하면 실제로 수중에 떨어지는 돈은 200만 원 남짓이다. 보너스나 유급 휴가도 없고 일이 장기간에 걸쳐 안정적으로 들어온다는 보장도 없다. 이런 일을 계속하는 사람이 부자가 될 확률은 거의 0에 가깝다.

나의 대답에 그는 다시 물었다.

"그럼 어떻게 해야 부의 열차에 탈 수 있나요?"

나는 이렇게 대답했다.

"자신의 가치를 스스로 정할 수 있는 사람이 되세요."

다시 말해, '가격 결정권'을 손에 넣어야 한다는 것이다. 그러려면 원천 정보를 만드는 사람이 되어야 한다. 정보를 가공하여 발신하기만 해서는 언제까지나 발신자에 머무를 수밖에 없다. 예를 들어 출판의 경우, 인세라는 로열티는 정보를 만드는 사람에게만 발생한다. 그렇기 때문에 저자는 꾸준히 인세를 받고 기고가는 일회성 원고료를 받는다.

그는 부동산 및 금융 관련 취재를 하고 있어서 재테크에 관한 풍부한 지식을 갖고 있었다. 그래서 나는 그에게 부자를 대상으로 세미나를 개최할 것을 권유했다. 거기서 더 가치 있는 사람, 물건, 돈에 대한 정보를 얻으라고 조언했다.

보람만 추구해서는 부자가 될 수 없다. 수입을 현실적으로 직시하고 장기적 계획을 세워야 한다.

기술, 시간, 에너지를 돈으로 전환하라

일본의 평균 급여는 아르바이트의 경우 시급 11,660원, 정규직의 경우 21,307원이다. 당신도 혹시 본업 이외의 수입이 필요하다고 느끼는가?

2017년 대기업 근무자를 대상으로 실시한 조사에서 현재 부업을 하는 사람은 16.7퍼센트, 1년 이내에 부업을 시작할 예정인 사람은 41.7퍼센트로 나타났다. 즉, 60퍼센트 이상의 회사원이 '용돈 벌이'를 하고 있거나 하고 싶어 한다는 뜻이다.

그러나 부업을 하는 것은 부자가 되는 데 큰 도움이 되지 않는다. 시간과 에너지의 효율이 떨어지기 때문이다.

보통 부업은 퇴근 후나 휴일인 토요일, 일요일에 한다. 결국 부업은 재충전할 시간을 조금씩 희생해서 돈으로 바꾸는 것에 불과하다. 이것은 전형적인 '서민 열차' 승객의 발상이다. 회사에서 월급을 받으며 일하기 때문에 자신의 가치를 시급으로 환산하는 것이다. 이들은 자신의 노동 가치를 한 시간에 최소 1만 원, 최대 2만 원 정도로 생각한다. 자신의 가치를 시급으로 계산하는 사람은 푼돈은 벌지 몰라도 절대 큰돈은 벌 수 없다.

부의 열차 승객은 돈이 흘러들어 오는 구조를 만들어 돈을 10배, 100배로 불린다. 성공하고 싶다면 반드시 부업이 아니라 본업으로 돈을 벌어야 한다. 요즘 인터넷에는 '집에서 손쉽게 할 수 있는', '컴퓨터 한 대로 돈을 벌 수 있는', '원하는 시간에 할 수 있는'이라는 말로 시작하는 각종 광고가 넘쳐난다. 그러나 부업은 어디까지나 부수적인 것에 불과하다. 샛길로 빠져 푼돈을 벌기보다는 본업에 집중하여 큰돈을 버는 것이 낫다.

당신의 인생은 유한하다. 시간제한이 있다는 뜻이다. 푼돈밖에 못 버는 부업에 귀중한 시간과 에너지를 쏟다가는 큰 기회를 놓친다.

자산을 늘리는
세 가지 방법

✦　　　　　　　미국의 투자가이자 베스트셀러 저자인
로버트 기요사키Robert Toru Kiyosaki는 이렇게 말했다.

"부자가 되려면 금융 리터러시literacy를 높여야 한다."

금융 리터러시란 돈을 활용하는 데 필요한 지식과 경험을 말한다.
자산을 늘리려면 '벌고', '모으고', '투자하는' 방법밖에 없다. 자신의
금융 리터러시 수준을 정확히 파악하여 이 세 단계를 착실하게 밟으
면 된다.

금융 리터러시가 부족한 사람은 일단 돈을 버는 것부터 시작해야 한다. 곧바로 투자부터 하면 큰코다칠 수 있으니 주의가 필요하다. 금융 리터러시 수준은 다음 표와 같이 현재 수입과 자산 현황으로 알 수 있다.

당신의 금융 리터러시 수준은?

연 수입과 자산	금융 리터러시
연 수입 1억 원 미만 자산 1억 원 미만	낮다(서민)
연 수입 1억 원 이상 5억 원 미만 자산 1억 원 이상 10억 원 미만	보통(중산층)
연 수입 5억 원 이상 자산 10억 원 이상	높다(부자)

금융 리터러시 수준이 낮다면 투자는 이르다. 세상에 나와 있는 수많은 투자 서적을 보면 '하루빨리 투자를 시작하는 편이 좋다', '복리 효과로 자산이 크게 증식한다'라고 쓰여 있지만 꼭 그렇지만은 않다.

일부 투자 서적은 저자의 배후에 투자신탁 회사, 은행, 보험 회사 등의 스폰서가 있다고 한다. 그런 투자 서적은 스폰서의 의견이 들어가기 때문에 스폰서에게 이득인 상품을 권하는 경우가 많다.

금융 리터러시가 부족한 단계에서는 투자를 해봤자 손해 볼 가능성이 크다. 돈에 관한 지식과 경험을 쌓는 것이 우선이다.

벌고, 모으고, 투자하는 3단계를 명심하라

《논어》에는 '불분불계'不憤不啓라는 가르침이 있다. '분발하지 않는 자에게는 길이 열리지 않는다'는 뜻이다. 나는 이것을 '반드시 하겠다는 의지가 있으면 상황을 바꿀 수 있다'고 해석한다. 내가 주택 임대 영업을 하던 시절에 만든 '자산 증식 계획표'를 소개한다.

먼저 원하는 '액수'와 '시기'를 정한다.

자산 증식 계획표를 작성할 때 중요한 것은 지금 하는 일로 돈을 얼마나 벌 수 있는지 실질적인 액수를 파악하는 것이다. 그리고 또 하나, 그 일을 통해 목표 금액을 벌 수 없다는 것을 알았을 때 일을 깨끗이 그만둘 각오가 되어 있어야 한다.

다음으로 돈을 손에 넣는 '방법'을 궁리한다. 나는 주택 임대 영업으로는 목표 금액을 벌 수 없다는 것을 깨닫고 돈을 더 많이 벌 수 있는 투자용 주택 판매 영업으로 돌아섰다. 그리고 계획을 구체적인 '행동'으로 바꿔 '실행'에 옮겼다. 그야말로 '불분불계'의 결의였다.

자산 증식 계획표

(단위: 만 원)

시기/수입	현재	1년 차	2년 차	3년 차	4년 차	5년 차
연봉	4,000	10,000	12,000	15,000	18,000	20,000
주택 1		4,000	4,000	4,000	4,000	4,000
주택 2			1,000	1,000	1,000	1,000
아파트 1				8,000	8,000	8,000
설립한 회사				5,000	10,000	15,000
연 수입 합계	4,000	14,000	17,000	33,000	41,000	48,000

열차는 늘 시간표대로 운행하며 시간표가 바뀌는 일은 드물다. 하지만 '자산 증식 계획표'는 매일 새로 작성해도 된다. 여러 차례 고치고 고민하다 보면 더 현실적인 목표 금액을 설정할 수 있을 것이다.

열차를 갈아타기
좋은 때는 언제일까?

✦ 　　　　　현재 일본 회사원의 평균 연봉은 4,750만
원이다. 조사 대상의 평균 연령은 46세이므로 중소기업에서 일하는
20대, 30대의 연봉은 더 적을 것이다. 사람마다 깨닫는 시기는 조금
씩 다르지만 대체로 취직해서 3년이 지나면 자신의 연봉과 생활 수
준을 실감한다. 유사 직종의 선배나 상사가 어떻게 생활하는지만 봐
도 자신의 미래가 대충은 그려진다.

　나도 부동산 회사에 들어가서 주택 임대 영업을 하다가 이대로는
해외여행을 다니거나 가족과 충분히 시간을 보낼 수 없다는 것을 깨
달았다. 현실을 직시하니 인생이 바뀌기 시작했다.

변화를 결심했다면
먼저 계획을 세워라

그렇다면 열차를 갈아타기 좋은 때는 언제일까? 언제, 어디서 갈아타면 좋을까? 인생을 바꾸기 위해 필요한 것은 목표 설정과 그것을 실현하기 위한 구체적인 계획이다.

1. '목표 금액'과 '시기'를 정한다.
2. 돈을 손에 넣는 '방법'을 정한다.
3. 구체적인 '행동'을 구상하여 '실행'에 옮긴다.

열차를 갈아타는 것은 곧 생활 양식을 바꾸는 것이다. 다시 말해 지금까지 안주했던 삶을 버려야 한다는 뜻이다. 그리고 열차에서 내리기 전, 길을 헤매지 않도록 철저하게 준비해야 한다. 등산하러 갈 때 평상복을 입고 가는 사람은 없다. 방한복과 등산화를 준비하고 먹을 것과 물을 챙기고 날씨도 미리 조사한다. 가장 중요한 것은 목적지까지 가는 '지도'다. 이 모든 준비가 끝났으면 이제 열차를 갈아탈 때가 온 것이다.

모모타로는 어떻게 도깨비를 물리쳤을까?

✦ 　　　　　　　일본에서 가장 유명한 전래동화는 《모모타로》일 것이다. 일본인이라면 누구나 어릴 때 읽거나 듣게 되는 이동화 속 주인공 이름이 '모모타로'다.

내용을 간략하게 소개하면, 옛날에 어떤 노부부가 살고 있었는데 할머니가 냇가에서 빨래를 하다 큰 복숭아가 떠내려오는 걸 보게 된다. 복숭아를 건져 집으로 가져와 먹으려는 순간 복숭아 속에서 남자아이를 발견하고, 아이가 없었던 노부부는 '모모타로'라고 이름을 지어주고 지극정성으로 아이를 키운다.

어느덧 소년이 된 모모타로는 도깨비들이 나타나 마을 사람들을 괴롭힌다는 이야기를 듣고 도깨비 섬에 가서 도깨비를 물리치겠다는 목표를 세운다. 노부부의 만류에도 불구하고 도깨비 섬으로 떠난 모모타로는 섬으로 가는 도중에 개, 원숭이, 꿩을 만나는데 이들과 함께 도깨비에 맞서 싸워 멋지게 승리하고 보물도 얻는다.

나는 이 동화에서 어린 모모타로의 '목표'가 무척 인상 깊었다. '내 인생의 목적지는 어디인가?'라는 목표 설정이 인생의 성공과 실패를 좌우한다고 생각하기 때문이다. 도깨비를 물리치겠다는 모모타로의 목표는 다음 네 가지 측면에서 의의를 지닌다.

첫째, 곤경에 처한 사람을 구한다는 점에서 사회적 의의를 지닌다.

둘째, 나쁜 짓을 하면 벌을 받는다는 권선징악의 교훈을 준다.

셋째, 조력자를 만드는 방법을 알려준다.

원대한 목표를 주위에 말하면 반드시 그 생각에 동조하는 사람이 나타난다. 모모타로의 첫 번째 조력자는 모모타로와 가장 가까운 할아버지와 할머니였다. 사실 그들은 모모타로가 도깨비를 물리치겠다고 했을 때 '어린 네가 도깨비 섬에 가봤자 절대 도깨비를 이길 수 없다'고 몇 번이나 말린다. 하지만 모모타로의 강한 의지에 감동해 첫 번째 조력자가 되어 100인분의 힘을 내는 수수경단을 만들어준다.

넷째, 목표를 달성하려면 자신의 강점을 살려야 한다는 가르침을 준다.

목표를 세워
조력자를 모아라

모모타로가 도깨비 섬으로 가는 길에 만난 개, 원숭이, 꿩은 각각 충성심, 지혜, 용기를 상징한다. 모모타로와 함께 도깨비 섬에 간 세 동물은 각자 개성을 발휘하여 도깨비와 싸운다.

《모모타로》를 기반으로 만든 동요도 있다. 여기에는 "모모타로 씨 모모타로 씨, 허리에 찬 수수경단 하나만 주세요."라는 구절이 나온다. 원서를 읽어보면 모모타로는 "하나는 말고 반쪽을 주마."라고 말하며 수수경단을 반으로 쪼개서 나눠준다. 쩨쩨하다고 생각할지도 모르지만 여기에는 다 이유가 있다. 옛날에는 공동체의 구성원끼리 아무리 작은 것이어도 함께 나누는 풍습이 있었기 때문이다. 즉, 수수경단 반쪽에는 괴로움도 슬픔도 공유한다는 의미가 담겨 있다. 그래서 개, 원숭이, 꿩은 모모타로를 위해 목숨 걸고 싸운 것이다.

부의 열차에 타려면 먼저 명확한 목표를 세워야 한다. 명확한 목표가 있으면 조력자를 모아 팀을 만들어 힘을 몇 배로 발휘할 수 있다. 이는 성공의 첫걸음이 된다.

富

제2장

당신의 좌석은
일등석일까?

자산이 저절로 불어나는 생활 습관을 만드는 법

부자는 사람을 통해
돈을 번다

✦ 　　　　　　　　자산조사 전문기업인 웰스-X Wealth-X가 2017년에 실시한 조사에 따르면 전 세계 부자(자산 367억 원 이상)들의 주요 관심사는 다음과 같았다.

　1. 사업 ⋯ 56.9%

　2. 자선 활동 및 기부 ⋯ 38.6%

　3. 운동 ⋯ 33%

　4. 금융 ⋯ 28.3%

　5. 교육 ⋯ 17.8%

역시 부자들은 무엇보다 일을 우선하는 모양이다. 나 역시 항상 일에 대해 생각하지만 그에 못지않게 신경 쓰는 것이 있다. 그것은 사람과의 만남이다. 언제 어디서든 내가 만나기로 한 사람을 기쁘게 하기 위해 무엇을 준비할지 늘 고민한다.

먼저 어떤 사람과 만날 약속을 했다면 미리 그 사람이 기뻐할 만한 '선물'을 준비한다. 여기서 말하는 선물이란 돈이나 물건이 아니라 인맥과 정보다. 가령 홋카이도에 처음 왔는데 혼자 온 경우, 혼자 둘러보기 좋은 관광지나 술집을 가르쳐준다. 연인이면 야경을 볼 수 있는 분위기 좋은 레스토랑이나 숨은 명소를, 가족 단위로 왔다면 아이들과 시간을 보내기 적합한 유원지나 디저트가 맛있는 가게를 알려준다.

물론 상대가 경영자라면 사업 이야기를 나눌 수 있는 자리를 따로 마련한다. 사업을 같이 할 수도 있는 사람에게는 은행이나 증권 회사 등 금융 기관의 지점장을 소개하는 것도 방법이다.

상대의 꿈을 응원하면 상대방도 반드시 나를 응원한다. 내가 먼저 누군가에게 도움이 되고 기뻐할 일을 하면 상대방도 나에게 긍정적인 결과를 안겨주는 선순환이 일어난다. 그러므로 사람과의 만남을 소중히 여기는 사람, 이타심을 가지고 기꺼이 남을 돕는 사람은 자연스럽게 부의 열차에 탈 수 있다.

늘 자기 생각만 하고 본인의 이익만 추구하는 사람은 부의 열차에 탈 수 없다. 이들은 수상한 정보, 손해 보는 정보, 자기에게만 득이 되는 정보를 들고 와 당신에게 피해를 준다. 누구를 위한 것인지 잘 생각해보면 이런 사람은 금방 간파할 수 있다. 이렇듯 부자는 사람을 통해 돈을 번다.

상대가 기뻐할 만한
선물을 준비하라

부자는 돈으로 살 수 있는 것은 뭐든 손에 넣을 수 있다. 그래서 돈으로 살 수 없는 것에 더더욱 흥미를 느낀다. 바로 '서프라이즈'다. 예고 없이 다른 사람을 기쁘게 하거나, 반대로 누군가가 자신을 놀라게 하는 것을 좋아한다.

어느 날 평소 친분이 있었던 CEO와 바에서 와인을 마셨다. 대화를 나누다 그 사람의 멋진 마인드에 감동해 그의 가게에서 판매하는 샴푸를 그 자리에서 2,500통, 총 6,700만 원어치를 샀다. 이런 서프라이즈를 한 것은 그가 기뻐하는 모습을 보고 싶었기 때문이다. 그날 구매한 샴푸는 지인들에게 선물했다.

내 친구는 홋카이도에서 회사를 경영하는 지인이 회사 상장에 성공하자, 축하하기 위해 야자와 에이키치矢沢永吉(일본의 유명한 록 뮤지션—옮긴이)의 이미테이션 가수를 섭외하여 깜짝 파티를 열었다. 야자와 에이키치의 열성 팬이었던 지인은 크게 기뻐했고, 다 같이 노래를 열창하며 성황리에 파티를 마쳤다.

서프라이즈의 핵심은 오직 그 사람만을 위해 고른 물건이나 특정 시기에만 구할 수 있는 물건처럼 특별함이 있어야 한다는 것이다. 선물 상자에 든 식용유나 김은 단순한 인사치레라고 생각해서 대부분 큰 인상을 남기지 못한다. 직접 쓴 인사말 한마디 없는 연하장도 마찬가지다. 기껏 선물했는데 상대방이 기뻐하지 않으면 선물을 준비하느라 들인 시간과 돈이 너무 아깝지 않은가? 상대방이 무엇을 좋아할지 생각하며 아이디어를 짜내서 상대방을 기쁘게 만들어보자.

주변 사람을 기쁘게 하는 것은 사업에도 좋은 영향을 미친다. 깜짝 선물을 받고 기뻐한 손님이 10억 원의 이익을 가져다줄 수도 있다. 서프라이즈를 좋아하는 사람이 점점 더 부자가 되는 것은 바로 이런 이유 때문이다.

부자는 왜 일등석에
탈까?

✦　　　　　　　　나는 매주 홋카이도와 도쿄에 있는 사무
실을 비행기로 오가는데, 이동할 때는 반드시 일등석을 탄다. 국내
선의 일등석은 이코노미석과 10만 원 정도 차이가 난다. 국제선, 특
히 유럽행은 티켓 값이 1,000만 원 정도 차이가 나기 때문에 주저하
게 되지만 국내선은 크게 부담되는 가격이 아니므로 금액을 더 내고
서라도 높은 등급의 좌석에 앉는다. 왜냐하면 이코노미석은 피로가
쌓이지만 일등석은 이동시간 동안 피로를 풀며 갈 수 있기 때문이
다. 그 차이는 엄청나다.

　넓은 리클라이닝 시트에 누워 체력을 회복한 후 산뜻하게 일하러

가는 것과 좁은 이코노미석에서 편히 쉬지도 못한 피곤한 상태로 일하러 가는 것은 하늘과 땅 차이다. 부자들의 경우, 거래 한 번에 수억 원, 수십억 원이 오간다. 이렇게 큰 거래를 성사시키기 위해서라면 일등석 가격쯤은 아무것도 아니다.

또 일등석에 타면 자리에 따라 뜻밖의 만남이 있을 수도 있다. 한번은 이런 일도 있었다. 그날도 비즈니스석을 타고 가는데 평소에 좋아하던 베스트셀러 작가의 옆자리에 앉게 된 것이다. 그것을 계기로 무척 친해져서 이후로도 연락하며 인연을 이어가고 있다. 만일 그날 내가 이코노미석에 앉았다면 이런 만남은 없었을 것이다.

마지막으로 일등석에 타면 시간을 자유롭게 쓸 수 있다. 줄을 서서 기다릴 필요 없이 기내에 가장 먼저 탑승할 수 있고 원한다면 마지막으로 탑승할 수도 있다. 또한 식사도, 수면도 원하는 시간에 할 수 있다. 비즈니스석의 경우, 승객 네 명당 한 명의 승무원이 배정되는데, 승무원에게 요청하면 불필요한 서비스는 일절 제공하지 않으므로 방해받지 않고 시간을 활용할 수 있다.

부의 열차 승객은 일등석의 가치를 알고 그것을 최대한 활용한다. 그러나 서민 열차 승객은 가격에 놀라기만 할 뿐 진정한 가치를 알려고 하지 않는다. 좋은 서비스는 하나의 문화다. 스스로 체험해보지 않으면 절대 그 가치를 알 수 없다.

좋은 서비스를 몸소 체험하고
그 가치를 느껴라

당신은 얼마나 자주 1000원숍을 이용하는가? 1000원숍을 한 달에 두세 번 이용하는 사람의 비율은 약 40퍼센트, 한 달에 한 번 이용하는 사람까지 포함하면 약 70퍼센트라고 한다. 그 정도로 사람들은 저렴한 쇼핑을 좋아한다.

생활의 모든 것을 값싼 물건으로 해결하는 사람이 과연 부의 열차에 탈 수 있을까? 나는 어렵다고 본다. 왜냐하면 1,000원짜리 물건에 둘러싸인 생활을 지속하다 보면 그것이 당연하게 느껴지기 때문이다.

매일 1,000원짜리 반찬을 먹는 사람은 미각이 거기에 맞춰져 '1,000원짜리 혀'가 된다. 즉, 고급 요리보다 값싼 음식이 더 맛있게 느껴진다. 게다가 저렴한 물건을 사용하다 보면 진품과 가품을 구분하지 못하게 된다.

한 가지 더, 부자가 값싼 물건을 사지 않는 이유가 있다. 바로 동기부여를 위해서다. 부자는 자신을 기분 좋게 해주고 의욕을 높여 주는 물건이 가치 있다고 생각한다. 중요한 미팅이 있을 때, 입기만 해도 자신감이 생기고 어깨가 쫙 펴지는 정장이 있으면 몇백만 원이 됐든 나에게 하는 투자라고 생각한다.

누구나 느껴본 적 있을 것이다. 좋아하는 것, 마음에 드는 것에 둘러싸여 있으면 기분이 좋아진다. 부자는 마음의 여유를 소중히 여긴다.

주인이 매번 짜증을 내는 가게와 웃는 얼굴로 대하는 가게가 있다면 어느 쪽에 손님이 몰릴까? 매일 고함을 치는 사장과 미소를 짓고 있는 사장이 있다면 어느 회사의 사원이 더 일을 잘할까? 답은 명확하다.

덧붙이자면 1000원숍은 손님 한 명이 5,000원 이상 사지 않으면 수지 타산이 안 맞는다고 한다. 만일 당신이 1000원숍에서 한 번에 5,000원 이상 쓴다면, 부의 열차 승객이 아니라 1000원숍 단골 고객이라는 뜻이다.

구두쇠와 절약하는 사람은
다르다

✦　　　　　마이크로소프트를 창립한 빌 게이츠는 약
128조 원에 달하는 자산을 보유하고 있으면서도 맥도날드에서 햄
버거를 살 때 반드시 할인 쿠폰을 사용한다고 한다.

　나도 회사에서 안 쓰는 조명은 착실하게 끄고, 흑백으로 인쇄해도
충분한 서류를 컬러로 인쇄하는 직원이 있으면 주의를 준다. 다만
구두쇠 같은 행동과 절약의 차이를 확실히 알고 행동해야 한다.

　나는 단돈 10원도 허투루 쓰지 않는다. 그 돈을 지불할 가치와 의
미가 있는지 항상 따져보고 소비함으로써 무의미한 지출을 억제한
다. 그리고 불필요한 지출을 줄여서 모은 자금은 장래의 수익을 위

해서 투자한다.

일본인과 중국인이 가구를 사는 방식을 보면 구두쇠 같은 행동과 절약의 차이를 쉽게 이해할 수 있다. 일본인은 가구를 소모품으로 생각하기 때문에 저렴한 가구를 사서 몇 번이고 교체한다. 그러나 중국인은 가구를 3대에 걸쳐 사용하는 재산으로 생각하기 때문에 처음에 제대로 된 고급 가구를 사서 오래 쓴다. 가구를 대대로 물려주면 돈을 더 절약할 수 있다는 것을 알기 때문이다.

대형 제약 회사인 다이쇼제약은 역대 최고 이익을 기록한 해에 구조 조정을 했다. 보통은 이익이 나면 보너스를 줘어 주는데 오히려 구조조정이라니 야박한 처사라고 생각할지도 모르지만 실은 그렇지 않다.

회사의 상황이 나쁠 때 구조 조정을 하면 우수한 인재부터 퇴직하기 마련이다. 그래서 먼 훗날을 내다보고 회사의 상황이 좋을 때 구조 조정을 한 것이다. 그리고 잉여 자금을 연구 개발에 쏟아부었다. 훗날 암을 치료하는 특효약이 개발되면 그 투자는 몇백, 몇천 배의 이익으로 돌아올 것이다. 이것이 바로 부의 열차 승객의 돈 활용 방법이다.

세계 최고의 투자가 워런 버핏은 자산이 100조 원에 달한다. 그런데 그가 현재 사는 집은 60년 전 3,600만 원에 산 것이라고 한다. 게다가 자가용도 3,300만 원 정도 하는 일반 자동차다. 자산이 100조

원이면 호화로운 저택에 살면서 최고급 차를 몰고 다닐 만도 한데 워런 버핏은 그렇게 하지 않는다.

목적을 달성하려면
쓸데없는 지출을 줄여라

내가 사는 집은 2억 원 조금 넘게 주고 산 중고 단독주택이다. 지금 집을 사기 전에는 월 70만 원 정도 되는 월셋집에서 부부 두 명에 아이 네 명, 총 여섯 명이 살았다. 당시 수입으로도 충분히 좋은 집에서 살 수 있었지만 자산을 크게 늘리기 전까지는 욕심을 부리지 않고 저렴한 비용으로 사는 것이 좋다고 생각했다.

남에게 보여주기 위해 돈을 쓰는 사람은 아무리 돈을 많이 벌어도 부의 열차에 탈 수 없다. 한때 대스타였던 운동선수나 배우가 어느 순간 빈털터리가 되었다는 이야기를 들은 적이 있을 것이다. 주식을 상장하여 큰돈을 손에 넣은 경영자가 호화 저택을 사거나 유흥에 흥청망청 돈을 쓰다가 재산을 날리는 경우도 많다. 복권에 당첨된 사람이 1년 만에 돈을 모두 탕진하고 빚더미에 앉는 일도 흔하다. 이는 모두 남에게 보여주기 위해 돈을 쓰기 때문이다.

부의 열차 승객은 쓸데없는 곳에 돈을 쓰지 않기 때문에 계속 부의 열차를 타고 갈 수 있다. 연간 22조 원의 이익을 올리는 도요타의 본사는 최근까지도 낡아빠진 건물이었다. 해외에서 방문한 대기업 사장이 도요타 본사를 사원 기숙사로 착각하여 본사 건물을 한 시간 넘게 찾아 헤맸다는 웃지 못 할 이야기가 전해질 정도다. 사내에 임원실이 따로 없어 임원들도 사원들과 같이 책상에 앉아 일했다고 한다. 이렇게 허세를 부리지 않고 오로지 품질 향상에만 투자했기 때문에 도요타는 세계적인 기업이 될 수 있었다.

일류는 일류를
알아본다

✦　　　　　　　중국 부유층 사이에서 폭발적인 인기를

얻고 있는 장식품이 있다. 바로 산호다. 산호를 취급하는 가게 주인

의 말에 따르면 일반 사람은 100만 원짜리 산호 반지와 1,000만 원

짜리 산호 반지를 구분하지 못한다고 한다. 그러나 최고급 산호를

많이 접한 사람은 한눈에 알아본다고 한다.

　나는 '부동산 바보'라는 말을 들을 정도로 수많은 부동산 물건을

봐 왔다. 지금은 인터넷 부동산 정보 사이트만 봐도 부동산의 가치

와 가격 상승 여부를 알 수 있다. 이것은 일종의 직감으로, 나는 이

직감 덕분에 성공할 수 있었다.

직감을 갈고닦기 위해서는 안목을 길러야 한다. 가치를 알아보는 눈은 해당 분야의 정보를 많이 접해야만 기를 수 있다.

항상 일류를 가까이 하라

일류를 많이 접해야 하는 이유가 하나 더 있다. 일류의 철학을 배울 수 있기 때문이다. 구찌, 루이비통 등 명품을 많이 접하면 그 브랜드의 철학을 이해할 수 있다. 그런 일류 브랜드의 철학을 자신의 일에 대입해서 어떻게 자신의 분야에서 일류가 될 수 있는지 고찰하는 계기가 된다.

나도 부동산 투자가로서 일류가 되기 위해 임대 중개부터 관리, 건축, 판매, 소유까지 나만의 철학을 가지고 임해왔다. 그렇게 전문성을 갈고닦다 보니 어느새 일류와 함께 일하게 되었다. 쉬워 보일지도 모르지만 전문성을 갖추려면 명품 브랜드의 장인처럼 오랜 시간 노력을 기울여야 한다.

부의 열차 승객은 모두 일류를 가까이하며 자기 자신의 일을 일류 브랜드 상품만큼이나 가치 있는 것으로 여긴다. 이처럼 일류를 많이 접하여 직감을 갈고닦아야만 진정한 일류로 성장할 수 있다.

경험을 쌓으면
이기는 길이 보인다

✦　　　　　　　경마는 일종의 도박이다. 승패는 경기가
끝나기 전까지 그 누구도 알 수 없다. 그런데 경마 팬에게 듣기로는
한 달에 한 번 정도 '철판 레이스'가 있다고 한다. 철판 레이스란 승
리할 말이 눈에 보이는 레이스를 말하는데, 그 레이스에만 돈을 걸
면 높은 확률로 이길 수 있다.

　경마는 하지 않지만 나도 이와 비슷하게 확실히 이길 수 있는, 확
실히 돈을 벌 수 있는 부동산에만 손을 댄다. 확실한 곳에만 투자하
기 때문에 지금까지 한 번도 손해를 본 적이 없다. 오랫동안 경험을
쌓으면 이기는 길이 보인다.

이길 수 있는 내기에만
돈을 걸어라

2017년, 홋카이도 니세코에 위치한 굿찬이라는 곳의 땅을 약 6억 7,000만 원에 매입했다. 그때까지만 해도 아무것도 없는 황무지였으므로 다른 사람들 눈에는 무모한 도박으로 보였을 것이다. 하지만 나는 9년 뒤 그 지역에 고속도로가 뚫려 삿포로에서 자동차로 한 시간이면 갈 수 있다는 것과 13년 뒤에는 홋카이도 신칸센이 정차한다는 것을 알고 있었다. 게다가 이 정보는 그 지역 시청 창구에서 누구나 들을 수 있는 정보였다.

홋카이도 니세코는 해외 관광객에게 인기가 많아서 가까운 미래에 국제적인 리조트 도시로 새롭게 태어날 예정이다. 이미 미쓰이부동산을 필두로 파크하얏트호텔, 리츠칼튼호텔 같은 초일류 호텔의 건설도 예정되어 있다. 이런 이유로 굿찬의 땅값은 크게 올랐고, 2018년에 33억 원을 받고 팔았다. 나는 니세코라는 지역의 인기와 국제 리조트화 계획, 교통망 개발 계획을 바탕으로 판단하여 굿찬의 땅을 샀다. 거듭 조사하여 미래를 내다보고 산 것이므로 이 땅이 비싼 값에 팔린 것은 '철판 레이스'나 다름없다.

부의 열차 승객은 마권도, 복권도 사지 않는다. 경주마의 주인이 되어 어디까지나 취미로 경마를 즐긴다.

일본 최고의 투자가, 다케다 와헤이의 지혜

✦　　　　　　　일본에서 주식 투자로 가장 성공한 사람을 꼽자면 다케다 와헤이竹田和平일 것이다. 2월 4일에 태어난 다케다 와헤이는 같은 날에 태어난 전국의 어린이에게 하나에 55만 원 정도 되는 금화를 선물했다. 왜냐하면 금화를 선물 받은 아이들은 평생 행복하게 산다고 믿었기 때문이다.

이 세상에 태어나는 것은 기적과 같은 경사다. 다케다 와헤이는 태어난 아이와 그 가족들에게 이 사실을 알려주기 위해 금화를 선물했다.

금화를 받은 아이는 그것을 평생 소중히 간직할 것이다. 생일이 돌아올 때마다 꺼내서 이 세상에 태어난 것에 대해, 낳아주신 부모님에 대해 감사하는 마음을 가진다. 그리고 자기 자신은 물론 다른 사람들도 똑같이 소중한 존재라는 것을 깨닫는다.

다케다 와헤이는 헤아릴 수 없을 만큼 많은 금화를 사람들에게 나눠주었는데, 한번은 이런 일도 있었다.

어느 날 나고야에서 강연을 하는데, 500명 정도가 그의 강연을 들으러 왔다. 기분이 좋아진 다케다 와헤이는 "나와 가위바위보를 해서 이기면 금화를 주겠다."고 말했다.

그리고 이렇게 덧붙였다.

"나는 바위를 낼 겁니다. 알겠죠?"

강연회장에 있던 사람들은 대부분 보를 냈고 거의 모든 사람이 금화를 받았다.

돈을 낼 때
"감사합니다."라고 말하라

일본의 전래동화《꽃 피우는 할아버지》에서 할아버지는 시든 나무에 재를 뿌려 꽃이 피게 한다. 다케다 와헤이도 금화를 뿌려서 수많은 사람의 마음속에 꽃을 피웠다. 다케다 와헤이는 이런 말을 남겼다.

"돈은 끊임없이 흐르는 것이라 주고받을 때 반드시 마음을 담아라."

무언가를 살 때 비싸다거나 아깝다고 생각하며 돈을 내면 점점 가난해진다. 반대로 무언가를 사거나 돈을 낼 때 감사하는 마음을 가지면 돈은 10배, 100배가 되어 돌아온다. 다케다 와헤이는 2016년에 세상을 떠났지만 그는 현대의 '꽃 피우는 할아버지'로 오래오래 기억될 것이다.

The Road To The Rich

제3장

부자는 함부로 명함을
교환하지 않는다

좋은 인맥을 만드는 법

부자는 직함에
연연하지 않는다

✦　　　　　　　도쿄에서 40년 가까이 명맥을 이어오고
있는 이업종 교류회 'VAV 클럽'의 회장 곤도 쇼헤이近藤昌平가 쓴《인
맥을 만들고 싶다면 명함을 버려라》를 읽어보면, 사람을 만날 때 명
함만 주고받는 것은 의미가 없으며 상대방에게 나를 '또 만나고 싶
다'는 생각이 들게 하는 인간성을 갖추는 것이 중요하다고 한다. 일
류는 명함에 적힌 직함에 연연하지 않고 자신의 실력으로 승부한다.
　사실 일류를 만나기란 결코 쉬운 일이 아니다. 자신의 실력을 키
워야만 비로소 그에 걸맞은 인맥을 소개받을 수 있다. 세상은 결국
비슷한 수준의 사람들끼리 어울리기 마련이다.

최근에는 회사 밖 다양한 분야에서 인맥을 만드는 것이 유행처럼 번지고 있다. 곳곳에서 열리는 세미나에 나가 명함을 교환하는 모습을 흔히 볼 수 있다. 그러나 그런 곳에서 명함을 뿌린다고 해서 좋은 인맥이 형성되는 것은 아니다.

직함이 아니라 실력으로
신뢰를 얻어라

부자는 모임에 거의 얼굴을 비추지 않으며 무분별하게 명함을 교환하지도 않는다. 그런 자리에 명함 교환을 목적으로 오는 사람은 일과 돈과 기회를 얻고 싶은 사람들뿐이다. 그런 사람들과 명함을 교환해봤자 명함은 아무런 도움도 안 되는 종잇조각에 불과하다.

나는 누구나 참가할 수 있는 100명의 파티보다 제한된 사람만 참가할 수 있는 10명의 파티가 의미 있다고 생각한다. 얼굴과 이름 그리고 하는 일까지 제대로 확인할 수 있으므로 그 사람이 어울릴 만한 사람인지, 나에게 도움이 될 만한 사람인지 꼼꼼히 따져볼 수 있기 때문이다.

어느 파티에서 만난 경영자는 '친분이 있는 상장 회사 사장이 500명이나 된다'고 큰소리쳤지만 1년을 알고 지내면서 단 한 명도 나에게 소개해주지 않았다. 한편 다른 경영자는 내가 '이 사람과 만

나고 싶다'고 말하자마자 선뜻 그 자리에서 전화를 걸어 연결해주었다. 당시에는 나도 상당히 놀라고 당황스러웠지만 그런 사람과 함께 일하고 싶다고 생각했다.

인맥 속으로
들어가라

✦　　　　　　전문 *라쿠고가*落語家(라쿠고는 무대에 한 사
람의 화자가 앉아 목소리 톤과 몸짓, 손짓을 이용해 이야기를 풀어내는 일본
의 전통 예술이며, 화자를 '라쿠고가'라고 부름 — 옮긴이)의 공연에 초대
받아서 가면 연예인, 문화예술인, 운동선수 등 TV나 신문, 잡지에서
만 보던 수백 명의 유명인이 관객이 되어 공연장에 앉아 있다. 라쿠
고는 일본의 전통 예술이기 때문에 각계의 유명 인사가 모이기 마련
이다.

　이렇듯 유명인을 만나고 유명인이 되고 싶다면 우선 롤 모델을
정해서 그 사람이 속한 '유명인 인맥'에 들어갈 필요가 있다. 가령 책

을 쓰고 싶다면 베스트셀러 작가와 친분을 쌓는 것이다. 강사로 활동하고 싶다면 권위 있는 강사를 찾아가 친해지는 것이 지름길이다. 내 롤 모델은 로버트 기요사키다. 부동산 투자 분야에서 크게 성공하여 세계적으로 활약하고 있기 때문이다.

이 '유명인 인맥'에 들어가느냐 마느냐가 인생의 성공과 실패를 좌우한다. 인맥에 들어가는 방법은 간단하다. 우선 한 명이라도 좋으니 유명인과 친구가 되어 그 사람을 소중히 대하는 것이다.

'최초의 한 명'을 찾아내는 것이 어렵게 느껴질지도 모른다. 하지만 의외로 간단하다. 내 지인 중 한 명은 사잔 올 스타즈(일본의 유명한 밴드—옮긴이)의 구와타 게이스케桑田佳祐와 함께 당구를 친 적이 있다고 한다. 어떻게 그런 거물을 알게 되었느냐고 묻자 친구가 구와타 게이스케와 대학 동기인데, '자주 가는 바에 친구와 함께 있다'는 말에 갔더니 놀랍게도 그가 있었다는 것이다. 이처럼 몇 다리만 건너면 유명인과 친분이 있는 사람을 쉽게 찾을 수 있다.

유명인과 어울릴 때 유의할 점이 있다. 바로 아첨하지 않는 것이다. 이름이 알려진 사람들에게는 수많은 사람이 다가오는데, 그중에서도 자신의 비위를 맞추거나 환심을 사려고 아첨하는 사람을 가장 싫어한다. 또는 허락도 구하지 않고 사진을 찍는 등 무례한 행동도 금물이다.

골프장에서는 한 단계 높은
인맥을 만들 수 있다

미국에서 가장 많은 기업가를 배출한 스탠퍼드대학교의 전체 면적은 33제곱킬로미터로, 도쿄도 스기나미구와 비슷한 넓이다(참고로 도쿄대 혼고 캠퍼스의 면적은 0.4제곱킬로미터다). 이 드넓은 캠퍼스에는 총 18홀의 훌륭한 골프 코스가 있다. 가장 난이도가 높은 1번 홀의 경우 사람과 차가 지나다니는 도로를 넘어가야 한다. 타이거 우즈도 스탠퍼드대 출신이므로 틀림없이 도로를 뛰어넘는 공을 쳤을 것이다. 기업가를 목표로 하는 스탠퍼드대 학생에게 골프는 중요한 권장 사항이다.

기업가들이 골프를 치는 이유는 무엇일까? 골프는 다른 스포츠와 달리 느긋하게 대화를 나누며 할 수 있는 스포츠이기 때문이다. 경기를 하면서 상대방의 인간성을 파악할 수 있으며 신뢰 관계도 쌓을 수 있다. 그리고 신뢰가 두터워지면 자연스럽게 사업 이야기도 나눌 수 있다.

골프는 정직함과 신중함, 전략적 사고와 인내력 그리고 결단력을 요구한다. 게다가 스릴과 긴장감이 쾌감을 준다. 골프를 즐기는 사람은 금전적인 여유가 있는 사람이자 시간적 여유가 있는 사람이다. 골프를 칠 여유가 있다는 것은 바쁘게 일할 필요가 없어 시간을 통제할 수 있다는 증거다. 그런 사람들이 모이는 장소이므로 사업과 관련해 좋은 기회를 얻을 수 있다.

골프를 칠 때 반드시 지켜야 할 매너로 두 가지가 있다.

1. 상대방에게 지나치게 잘 보이려 하지 않는다.
2. 골프장에서 들은 내용을 타인에게 말하지 않는다.

특히 두 번째가 중요하다. 좋은 인맥을 만들고 싶다면 입이 무거워야 한다.

부자는 항상
준비가 되어 있다

✦　　　　　　　　먼 옛날, 검술의 달인들은 서로 맞닥뜨리는 순간 이미 승패가 판가름 났다고 한다. 지금도 올림픽에 출전하는 어떤 유도 선수는 상대와 대면하자마자 검은 띠를 묶은 모양새를 보고 '이번 시합은 지겠다'는 예감이 들 때가 있다고 한다.

자고로 명인은 상대의 전력을 순식간에 간파하는 법이다. 비즈니스의 세계에서도 유능한 영업 사원은 고객과 마주한 순간 '이번 거래는 성공이다'라는 생각이 들 때가 있다고 한다. 나도 거래 직전 상대방과 마주한 순간 그 거래가 잘 될지 안 될지 대충 감이 온다. 일의 세계에서도 성패는 순식간에 결정된다.

인간관계를 돈독하게 만드는 확실한 방법이 있다. 어떤 사람을 처음 만날 때 그 사람에 대해 미리 조사하는 것이다. 상대방의 취미나 특기, 관심사에 관한 정보를 미리 알고 있기만 해도 대화의 주제가 다양해지고 자연스럽게 급속도로 친밀해질 수 있다. 그리고 이로 인해 큰 기회가 찾아오기도 한다. 반대로 상대방에 대해 아무런 정보 없이 만나는 경우, 특히 비즈니스 관계에서는 좋은 기회를 얻기 힘들 수도 있다.

조사하는 방법은 간단하다. 가령 상대방이 회사의 대표인 경우, 신용정보 회사 데이코쿠데이터뱅크에서 자료를 조회하면 그 사람의 취미와 독서 취향, 좌우명, 심지어 어떤 고양이를 기르는지도 알 수 있다. 또 페이스북 등 SNS를 살펴보면 교우 관계나 어느 음식점에 자주 가는지도 일목요연하게 나온다.

사업에 성공하려면
사전 준비가 90퍼센트다

나도 처음 만나는 자리에서 "스에오카 씨, 사업 수완이 정말 대단하시던데요?"라는 말을 종종 듣는다. 일류 경영자나 성공한 사업가는 모두 상대방에 대해 미리 조사해온다. 그러면 상대방은 자신이 존중받는다고 느껴 자연스레 호감을 가지게 된다.

스포츠 세계에서는 평소에 큰 주목을 받지 못했던 무명 선수가 갑자기 금메달을 따서 유명해지는 경우가 있다. 유도, 레슬링, 체조, 수영, 마라톤 등 다양한 종목에서 이런 일이 일어난다. 그러나 이것은 우연이 아니다. 그들의 엄청난 노력의 결과물이다.

축구 선수 혼다 케이스케本田圭佑는 이렇게 말했다.

"준비가 전부다. 준비 단계에서 이미 시합은 시작된다."

부자는 상대방의
주머니 사정을 배려한다

✦   일본 최고의 개인 투자가 다케다 와헤이
의 집은 전국에서 그를 만나러 온 수많은 사람으로 항상 문전성시를
이루었다. 그런 사람들을 흔쾌히 집으로 들인 다케다 와헤이는 그들
이 돌아갈 때 차비로 쓰라는 말과 함께 돈이 든 봉투를 건넸다고 한
다. 봉투에 든 금액은 놀랍게도 각자의 교통비와 정확히 일치했다.
항상 상대방의 주머니 사정을 배려했기에 가능한 일이었다.

　부동산 투자가들이 쓴 책을 읽어보면 대체로 자신의 이익만 생각
하는 경향이 있다.

　"은행 수십 곳을 돌아서 금리가 더 싼 곳을 찾아냈다."

"여러 은행에 경쟁을 붙여서 최대한 금리를 낮췄다."

이런 내용이 보란 듯이 성공담으로 실려 있다. 하지만 이렇게 하면 은행의 협력을 구하기 어렵다. 오히려 민폐 고객으로 낙인찍힐지도 모른다. 나는 이런 상황에서 반대로 행동한다. 은행에서 금리를 교섭할 때 담당 은행원이 금리를 제시하면 이렇게 말한다.

"그렇게 싸게 해주시면 남는 게 있나요? 거기서 0.1퍼센트 올려주세요."

이 말을 들은 은행원은 놀라서 눈을 끔벅이다 만면에 미소를 띤다. 그리고 그 다음부터는 은행에 흘러들어 오는 특별한 부동산 정보나 융자 정보를 나에게 가장 먼저 알려준다. 또한 나는 부동산 투자용으로 융자를 받은 뒤에는 반드시 그 담당자를 통해 적금을 든다. 적금에는 융자를 받아서 낸 부동산 투자 이익을 사용한다. 계좌를 개설하면 담당 은행원의 실적이 되는 데다, 순조롭게 납입이 이루어진다는 것은 융자해준 부동산 투자가 잘 되고 있다는 뜻이므로 융자를 담당한 은행원의 평판이 높아진다.

고객에 대한 평판은 담당자가 바뀌어도 은행 내부에서 유지되므로 한번 좋은 이미지를 쌓아두면 계속 유지된다.

"돈에 날개는 달려 있지만 발은 안 달려 있다."라는 말이 있다. 돈은 자기도 모르게 다 써서 날아갈 수는 있어도, 제 발로 걸어 들어오지는 않는다는 뜻이다.

3,000억 적자에서 5,000억 흑자로! 기적 같은 성공을 만든 디테일의 기술

"단 1g의 감동 포인트까지 지독할 만큼 철저하게 계산하라!"

망해가던 시골 기차를 로망의 아이콘으로 만든 7가지 비밀!

JR큐슈철도회사 CEO인 저자는 레드오션에서 남들과 다른 차이점을 만드는 힘, 새로운 시장을 창출하는 방법으로 '디테일'의 중요성을 역설한다. 이 책에는 적은 비용으로 고객의 만족도를 높이고, 새로운 시도를 성공시키는 디테일의 7가지 기술이 구체적인 사례와 함께 정리되어 있다.

아주 작은 디테일의 힘
가라이케 고지 지음 | 정은희 옮김 | 값 14,000원

인생도 수입도 극적으로 바뀌는 마법의 말하기 습관

"당신 곁에는 이미 돈이 있습니다. 당신은 그걸 부르기만 하면 됩니다."

일본 개인 납세액 1위 사이토 히토리가 알려주는 돈과 운을 끌어당기는 말버릇!

매일매일 무심코 내뱉는 말이 당신의 인생을 극적으로 바꾼다! 평범한 회사원에서 젊은 억만장자가 된 저자가 일본의 대부호 사이토 히토리에게서 배우고 몸소 실천한 '인생이 드라마틱하게 바뀌는 말버릇의 비밀'을 알려준다.

일본 최고의 대부호에게 배우는
돈을 부르는 말버릇
미야모토 마유미 지음 | 황미숙 옮김 | 값 13,500원

세상의 뻔한 공식을 깨부순 게임 체인저들의 44가지 법칙

"편견과 실패의 엉덩이를 시원하게 걷어차는 법!"

26살에 600만 달러를 벌고 28살에 모든 것을 잃어본 실리콘밸리 괴짜 CEO가 파헤친 성공의 과학!

'방탄커피' 창시자이자 실리콘밸리의 괴짜 CEO 데이브 아스프리가 팟캐스트를 통해 만난, 세상을 뒤흔든 게임 체인저 450명의 성공 공식을 밝힌 책. 호흡부터 식습관, 말, 생각, 감정, 운동, 수면 그리고 성생활까지 내 안의 잠재력을 초능력으로 바꾸는 성공 법칙이 담겨 있다.

최강의 인생
데이브 아스프리 지음 | 신솔잎 옮김 | 값 16,000원

잃어버린 아침을 되찾아주는 기적의 모닝 루틴 프로젝트

"잠에서 깬 후 3시간이 당신의 인생을 바꾼다!"

케임브리지대학 연구원 출신의 천재 뇌과학자가 알려주는 똑똑한 아침 시간 사용법

팀 쿡, 제프 베조스, 무라카미 하루키, 팀 페리스… 이들이 이룬 성공 뒤에 숨겨진 비밀, '모닝 루틴'! 이 책의 저자는 잠에서 깬 후 3시간은 인생의 골든타임이라고 말하며, 아침을 잃고 사는 사람들에게 뇌가 최고의 성과를 이루게 만드는 59가지 기적의 아침 습관을 알려준다.

아침의 재발견
모기 겐이치로 지음 | 조해선 옮김 | 양은우 감수 | 값 14,000원

절호의 투자 타이밍을 귀신같이 눈치채는 비결

"돈 센스는 타고나는 것이 아니라, 기르는 것이다!"

급변하는 정세에 흔들리는 '경제 팔랑귀'들에게
팩트 기반의 통찰력을 키워주는 책!

10만 베스트셀러 《월급쟁이 부자들》의 작가이자 경제 분야의 최고 유튜버 상승미소의 신작! 1년 뒤 다가올 경제위기에도 흔들리지 않는 '돈의 감각'을 기르는 연습을 지금부터 이 책과 함께 시작해보자.

돈의 감각
이명로(상승미소) 지음 | 값 16,800원

뇌과학자, 마케터, 경영자들이 추천하는 '신경마케팅' 분야의 독보적인 책!

"인간의 소비심리를 지배하는 뇌과학의 비밀!"

빅데이터도 찾지 못한 뇌 속에
숨겨진 구매욕망과 소비심리의 모든 것!

"고객이 왜 우리 제품을 살까? 어떤 잠재 고객에게 마케팅해야 우리 제품이 더 많은 구매로 이어질까?" 이 책은 이 질문에 정확한 답을 제공한다. 무언가를 팔고 또 누군가의 마음을 얻어야 하는 사람들에게 더없이 유용한 지침서가 될 것이다.

뇌, 욕망의 비밀을 풀다
한스-게오르크 호이젤 지음 | 강영옥, 김신종, 한윤진 옮김
값 18,000원

사람을 소중히 여기는
사람이 되어라

먼 옛날, 일본에서는 돈을 '오아시'お足(발이라는 뜻―옮긴이)라고 불렀다. 사람들에게 도움이 되는 장사를 하면 사람들이 제 발로 찾아와서 돈을 낸다는 뜻으로, 말 그대로 '사람＝돈＝발'이라고 할 수 있다. 그래서 부자는 사람을 소중히 여긴다. 돈을 가져다주는 것은 다름 아닌 사람이기 때문이다. 돈이 사람을 움직이는 것이 아니라 사람이 돈을 움직인다. 바꿔 말하면 사람의 마음이 움직여야 비로소 돈이 움직인다. 부자는 이 원리를 누구보다 잘 알고 있기에 사람을 아주 소중히 여긴다. 그리고 돈도 사람의 마음을 움직일 줄 아는 사람 곁으로 모여든다.

세계 최고의 리더라고 불리는 존 맥스웰John C. Maxwell은 강연회에서 이렇게 말했다.

"누구나 자신의 가치를 인정해주는 상사와 일하고 싶어 한다."

피상적인 관계가 아니라 진심을 털어놓을 수 있는 경영자 친구가 있는 것이 나의 자랑이다.

나를 끌어올려 주는
사람을 만나라

✦ 　　　　　만담으로 유명한 연예 기획사 요시모토
홍업에서는 무명 연예인을 띄우기 위해 무명 연예인과 인기 연예인
을 함께 TV에 출연시킨다. 그러다 보면 무명 연예인은 인기 연예인
이 되고, 같은 방식으로 또 다른 무명 연예인과 팀을 이뤄 활동한다.

　요시모토 홍업에는 3,000명 이상의 연예인이 소속되어 있는데,
현재 정상에 있는 연예인은 모두 과거에 선배 연예인이 끌어올려 주
었기 때문에 그 자리에 있는 것이다.

　부의 열차를 탈 때도 마찬가지다. 스스로 노력하는 것도 중요하지
만 이미 성공한 사람에게 도움을 받는 것도 아주 중요하다. 나 역시

회사원 시절부터 지금에 이르기까지 몇 번이나 나보다 성공한 사람에게 도움을 받았다.

그렇다면 주로 어떤 사람이 이런 응원을 받을까?

- 한 가지 일을 10년 이상 하고 있다.
- 사회에 애정을 가지고 있다.
- 가족을 소중히 여긴다.
- 약속을 잘 지킨다.
- 거짓말을 하지 않는다.

나는 이 다섯 가지 조건을 충족해야 한다고 생각한다.

도움을 받으려면
항상 미소를 지어라

어떤 일이든 10년 이상 꾸준히 하면 주위에서 응원해주기 마련이다. 또한 부자는 사회에 대한 애정, 사회에 공헌하려는 의지가 있는 사람을 장래의 동료로 간주하여 힘을 빌려준다. 가족을 사랑하고 약속을 잘 지키고 거짓말을 하지 않는 것은 그 사람의 인성을 보여준다. 부자는 성실하고 신뢰가 가는 사람에게만 자신의 소중한 인맥을 소개해준다.

주위로부터 도움을 받는 방법이 하나 더 있다. 그것은 항상 웃는 얼굴을 유지하는 것이다. 웃는 얼굴을 만드는 것은 아주 간단하다. 수박을 먹을 때는 누구나 저절로 입꼬리가 올라가서 입이 먹기 좋게 자른 수박 모양이 된다. 이것을 나는 '수박 입 모양'이라고 부른다.

TV에서 활약하는 사람들을 보면 모두 입꼬리가 한껏 올라가 있다. 웃으면 성격도 밝아져서 주위 사람들의 응원을 받을 수 있다.

인생의 목표가
같은 사람을 곁에 두라

✦　　　　　　　　　'무쌍 시리즈'로 유명한 게임 소프트웨어 회사 코에이(현 코에이테크모홀딩스)의 사장 에리카와 요이치標川陽一는 '만나면 즐거운 사람', '돈을 벌게 해주는 사람', '세상에 도움이 되는 사람'하고만 어울린다는 세 가지 기준을 세웠다. 그는 이 기준을 지키고부터 수상한 꾐에 넘어가거나 무의미한 인간관계에 시달리는 일이 없어졌다고 한다.

나는 사람을 사귈 때도 일정한 기준, 즉 필터가 필요하다고 생각한다. 아무 기준 없이 사람들과 어울리면 시간이 아무리 많아도 부족해지고, 자칫 나쁜 사람에게 속아 해를 입을 수도 있다.

인생의 목표가 같은 사람을
곁에 두어라

돈은 결국 사람이 옮기는 것이기 때문에 많은 사람과 적극적으로 관계를 맺는 것도 중요하다. 하지만 그중에는 별 도움이 안 되거나 유해한 사람도 존재한다. 지인 중 한 사람이 '세금을 절감시켜 주겠다'는 어느 컨설턴트의 꾐에 넘어가 3억 5,000만 원을 손에 넣었다. 그런데 알고 보니 그것은 허위 신청으로 나라에서 돈을 받는 보조금 사기였고, 결국 컨설턴트와 함께 경찰에 체포되고 말았다.

다이어트 트레이너가 자신의 노하우를 도둑맞은 사건도 있다. '당신이 개발한 다이어트 프로그램을 이용해 사업을 해보고 싶다'며 공동 경영을 제안해온 것이다. 회사는 이미 설립했으니 사장 자리에 앉기만 하면 된다는 말에 제안을 수락했지만 대표권이 없는 사장이었기 때문에 회사 경영이 잘되자 곧바로 해고당하고 말았다. 공동 경영을 제안한 것은 노하우를 빼앗으려는 함정이었던 것이다.

이처럼 애초에 인생의 목표가 다른 사람, 가치관이 다른 사람과 엮이면 시간도, 에너지도, 돈도 빼앗기므로 조심해야 한다.

부의 열차에 타려면 자신에게 다가오는 사람이 좋은 사람인지 나쁜 사람인지 가려내는 필터를 가지고 있어야 한다. 그리고 시야가 흐려지지 않도록 필터를 주기적으로 청소해야 한다.

관계 정리를
습관화하라

✦　　　　　　　　인간의 세포는 약 3개월마다 교체된다고
한다. 혈액은 4개월, 근육은 7개월, 뼈도 3년마다 교체된다. 신진대
사는 인간이 생물로서 살아가는 과정에서 일어나는 자연스러운 현
상이다.

　세포가 교체되는 것처럼 인맥도 5년 정도 지나면 물갈이가 필요
하다. 물론 새로운 사람을 만나고 환경이 바뀌면서 관계가 정리되거
나 더욱 돈독해지기도 한다. 하지만 선택과 집중을 위해 정기적으로
인맥을 점검할 필요가 있다. 그렇다면 어떤 기준으로 인맥을 정리하
면 좋을지 생각해보자.

- 매번 불평불만을 늘어놓는 사람

- 그 자리에 없는 사람을 헐뜯는 사람

- 자기 이익만 생각하는 사람

- 허세를 부리는 사람

이런 사람들과는 조금씩 거리를 두는 편이 좋다. 갑자기 연을 끊을 필요는 없고 먼저 연락하지 않는 정도면 충분하다. 상대방이 만나자고 해도 구실을 만들어 거절하면 자연스럽게 멀어질 수 있다.

어떤 경영자가 '친구 엔트로피'라는 물리 법칙에 대해 말한 적이 있다. 친구 관계는 가만히 두면 점점 어질러져 난잡한 상태가 된다는 것이다. 어질러진 방은 저절로 깨끗해지지 않는다. 정리 모드에 돌입하지 않으면 정리할 수 없다.

예전에 "페이스북 친구는 1,000명, 진짜 친구는 몇 명?"이라는 카피를 내세운 TV 광고가 있었다. 이 광고는 얄팍한 인간관계를 늘려봤자 아무런 도움도 안 된다는 메시지를 담고 있다. 곤경에 처했을 때 도와주는 단 한 명의 친구와 인터넷에서 '좋아요'만 누르는 1,000명의 친구. 당신은 어느 쪽이 더 소중한가?

친구 손에 이끌려 참석한 강연회에서 다단계를 권유받아 비싼 냄비나 침구를 강매한 경험이 있는가? 이렇게 인간관계를 돈으로 바꾸면 수십 년에 걸쳐 쌓은 인간관계가 단숨에 무너진다.

좋은 인맥과 쓸모없는
인맥을 구분하라

나는 친구가 아무리 어려운 부탁을 해도 사례를 요구하지 않는다. 왜냐하면 내 노고는 돈으로 살 수 없기 때문이다. 좋은 마음으로 한 일이어도 돈을 받으면 의미가 퇴색된다. 그것은 친구 관계에서 금기나 다름없다. 부자는 선의를 베풀 때 다음과 같은 원칙을 갖고 있다.

- 자신의 행동에 가격을 매기지 않는다.
- 고맙다는 말을 기대하지 않는다.
- 이익과 손해를 따지지 않는다.
- 선행 그 자체로 만족한다.

돈을 청구하는 것을 영어로는 '클레임'claim이라고 한다. 직역하면 '권리가 있다'는 뜻이다. 또 '주장하다'라는 의미도 있다. 그래서 클레임을 흔히 '불만을 말하다', '불평하다'라는 의미로 쓴다. 당연한 이야기지만 상대방에게 클레임을 걸면 인간관계는 끝난다. '차지'charge라는 단어도 '돈을 청구한다'는 뜻으로 쓰인다. 원래 '빼앗다'라는 의미이므로 이 역시 인간관계를 끝내는 행위로 볼 수 있다.

제4장

돈은 친구와
함께 온다

안전하게 돈을 불리는 법

성공의 문을 여는
네 개의 열쇠

✦ 　　　　　모든 도박장에서 도박장 주인은 반드시
돈을 벌도록 되어 있다. 왜냐하면 어떤 도박이든 판돈의 몇 퍼센트
를 주인이 먼저 가져가고 남은 돈을 배당하는 구조이기 때문이다.
나는 이것을 '노 리스크 절대 리턴'이라고 부른다. 투자에 성공하려
면 다음 네 가지 가능성의 문을 여는 열쇠가 필요하다.

첫 번째는 '가치의 확실성'이다. 투자는 부동산이나 실물 화폐 등
실체가 있는 것에 투자하는 유형 투자와 증권이나 암호 화폐 등 실
체가 없는 것에 투자하는 무형 투자로 나뉜다. 여기서 주의할 점은
주식, 투자신탁, 비트코인은 모두 무형이라는 점이다. 실체가 없는

것의 가격이 폭등했다가 폭락하고, 100배가 되었다가 100분의 1이 되기도 한다. 따라서 이들은 도박과 유사하다. 그러나 토지나 건물 같은 부동산의 경우, 가치가 아예 소멸하는 일은 없다.

두 번째는 '리스크 회피'다. 부자는 투자할 때 '얼마나 벌 수 있는가'를 기준으로 판단하지 않는다. '안전한가, 위험한가'를 기준으로 사업의 투자 가치를 판단한다. 이때 반드시 필요한 것이 정보다. 부자는 유익한 정보를 얻는 데 막대한 돈을 들여 리스크를 회피한다.

세 번째는 '사업 파트너'다. 부자는 반드시 정보 강자와 팀을 이룬다. '무엇을 하느냐'보다 '누구와 하느냐'가 중요하다. 정보 약자의 말을 믿었다가는 돈을 벌기는커녕 전 재산을 잃을 수도 있다.

네 번째는 '자기 투자'다. 말 그대로 자기 자신의 머릿속에 투자하는 것이다. 나는 독서와 세미나 참가비로 연간 1억 원 이상 쓴다. 그렇게 해서 매년 수백억 원을 벌어들인다. 돈은 도둑맞을 수 있지만 머릿속에 쌓은 지혜와 지식은 어떤 도둑이 와도 빼앗기지 않는다.

돈이 흘러들어 오는
수로를 만들어라

똑같이 일하는데 자산이 점점 늘어나는 사람이 있고 줄어드는 사람이 있다. 40대의 금융 자산 보유액(현금 포함)을 조사한 결과, 1억

1,000만 원 이상인 가구가 20.7퍼센트였다. 반면 자산이 0원인 가구도 33.7퍼센트나 되었다(일본 금융홍보중앙위원회, 2017년). 왜 이렇게 큰 차이가 날까?

자산이 점점 늘어나는 사람은 돈의 용수로를 마련해놓은 사람이다. 밭에 작물을 심은 뒤 용수로를 만들어 물을 끌어오는 것이다. 수로를 파는 것은 힘든 작업이지만 한 번 만들면 양동이로 물을 길어오지 않아도 광활한 토지에 초록빛 작물을 기를 수 있다. 그러나 여전히 많은 사람들이 양동이로 물을 길어 온다. 그리고 돈이 모이지 않는다며 푸념한다. 부의 열차에 타지 못하는 것은 이런 사람들이다.

세상에는 '돈이 불어나는 구조를 가진 사람'과 '자기도 모르게 돈을 빼앗기는 사람', 두 부류가 있다. 가장 극단적인 예가 이자다. 이자를 받는 사람은 부의 열차 승객이고 이자를 내는 사람은 서민 열차에 탄 승객이다. 신용카드 리볼빙 결제는 잘못하면 평생 이자를 갚을 수도 있다. 매달 카드 값 내기가 수월해져 돈 관리를 잘하고 있다는 착각에 빠지지만 자산이 줄어드는 구조가 강화될 뿐이다.

신용카드를 쓸 때 딱 하나 좋은 점이 있다. 바로 사랑하는 사람에게 한 번쯤은 고급스러운 선물을 사줄 수 있다는 것이다. 현금 흐름을 통제할 수 있다면 신용카드도 합리적 소비의 좋은 도구다.

고수의 투자법을
따라 하라

✦   실패하지 않는 투자법으로 일명 '빨판상
어 투자법'이 있다. 주식을 살 때, 투자의 신이라 불리는 워런 버핏이
산 주식을 따라 사는 식이다. 미국에서는 거액의 주식 매매를 법적
으로 공개하게 되어 있어 누구나 정보를 얻을 수 있다. 그리고 워런
버핏이 주식을 매각하면 곧바로 따라서 매각한다.

　이런 투자 방법은 큰 물고기의 배에 달라붙어 물고기가 먹다 남
은 부스러기를 받아먹는 빨판상어를 연상케 한다. 한번 빨판상어가
되기로 했으면 그 전략을 끝까지 고수하는 것이 좋다. 중간부터 스
스로 판단해서 주식을 사들이거나 매각 시기를 고민하면 얼마 안 가

손해를 보기 때문에 주의해야 한다. 이런 투자법이 유효한 이유는 워런 버핏의 경우 버크셔 해서웨이_{BERKSHIRE HATHAWAY INC.}라는 투자 회사를 경영하고 있기 때문이다. 일반인은 알 수 없는 정보를 갖고 있을 뿐만 아니라 우수한 분석가도 거느리고 있다.

비즈니스 파트너를
신중하게 선택하라

만일 부동산에 투자한다면 확실하게 이익을 내는 사람이 추천하는 물건을 매입하는 것이 좋다. 그 사람이 보유한 부동산과 같은 유형의 부동산을 매입하는 것이다. 주식과 마찬가지로 혼자서 판단하여 부동산을 매입하면 실패하기 쉽다. 좋은 결과를 내는 투자가는 방대한 시간과 노력을 들여 정보를 수집한다. 그런 전문가가 고른 부동산보다 당신이 고른 부동산에서 더 많은 이익이 날 확률은 높지 않을 것이다.

빨판상어 전략을 사용할 때 주의할 점이 있다. 빨판상어 중에는 잘못해서 유조선에 붙어 사는 것이 있다. 상어나 고래의 몸체에 붙어 있으면 부스러기를 얻어먹을 수 있지만 유조선 밑에 붙어 있으면 먹이를 먹지 못해 죽고 만다. 어중이떠중이가 아닌 진짜 전문가를 찾아내야 하는 이유다.

캐피털 게인 투자와
인컴 게인 투자

✦　　　　　　　투자에는 '캐피털 게인'capital gain 을 창출하
는 방법과 '인컴 게인'income gain 을 창출하는 방법이 있다. 캐피털 게인
이란 무언가를 싸게 사서 그것을 비싸게 팔아 얻는 수입이다. 인컴
게인은 가치 있는 무언가를 사서 그것을 통해 정기적으로 얻는 수입
을 말한다. 가격이 낮을 때 산 주식을 가격이 오른 뒤에 되팔면 캐피
털 게인이 되고, 그 주식을 계속 보유해서 매년 배당을 받으면 인컴
게인이 된다.

　열차에 비유하면 캐피털 게인은 부정기적으로 운행하는 '임시 특
급 열차'라고 할 수 있다. 운행 횟수가 적고 열차 마니아가 아닌 이상

놓치기 쉽지만 타기만 하면 목적지까지 빠르게 도착한다. 한편 인컴 게인은 시간표대로 운행하는 '완행열차'에 해당한다. 속도가 빠르지 않으므로 목적지까지 시간은 걸리지만 자주 운행하기 때문에 누구나 탈 수 있다.

인컴 게인 투자로 안전하고 확실하게 벌어라

나는 이 두 가지 중에서 인컴 게인 투자를 추천한다. 왜냐하면 캐피털 게인 투자에는 대박과 쪽박이 존재하기 때문이다. 일반 사람이 아파트를 싸게 사서 비싸게 팔기란 쉽지 않다. 부동산 회사에 비해 정보가 턱없이 부족하기 때문이다. 괜찮은 매물처럼 보여도 권리가 복잡해서 불량 채권이 될 수 있다.

캐피털 게인을 노릴 때는 주의할 점이 있다. 부동산 거래를 하는 경우 세금 폭탄을 맞을 수 있다는 점이다. 특히 이듬해에 지방세가 많이 나오므로 유의해야 한다.

캐피털 게인과 달리 인컴 게인은 대박과 쪽박의 차이가 그렇게 크지 않다. 부동산의 경우 어지간히 형편없는 물건을 사지 않는 이상 그럭저럭 임대 수익을 올릴 수 있다. 임대 수익은 매달 들어오기 때문에 그 돈으로 장기적인 자금 계획을 세울 수 있다.

IPO 성공 확률은
고작 0.1퍼센트다

✦　　　　　　　매년 수많은 회사가 생겨나고 또 사라진
다. 설립한 지 10년 만에 30퍼센트의 회사가 도산하고, 20년 뒤에는
약 50퍼센트의 회사가 문을 닫는다. 일본 정부 통계에 따르면 2017년
에 신설된 법인은 약 13만 개라고 한다. 한편 IPO(주식 상장)에 성공
한 회사 수는 2017년에 90개, 2018년에도 90개였다. 즉, 회사를 설
립해도 상장 기업이 될 확률은 0.1퍼센트도 안 된다는 뜻이다.

　장래성 있는 회사에 투자해서 큰 이익을 내는 투자 회사도 실제로
IPO에 성공하는 비율은 3퍼센트 정도다. 기업의 장래성을 내다보
고 투자해서 큰돈을 버는 것은 그 정도로 어려운 일이다.

자산을 불릴 때는
리스크를 최소화하라

이런 실정이다 보니 주식 투자로 부의 열차에 타기란 쉽지 않다. 그래서 고려했으면 하는 것이 부동산 투자다. 주식과 비교해서 부동산 투자의 이점은 한두 가지가 아니다.

먼저 주식은 가치가 사라질 수도 있지만 부동산은 사라지지 않는다. 회사가 도산하거나 상장 폐지되면 주식은 한낱 휴지조각에 불과하게 된다. 둘째, 주가는 떨어지지만 임대료는 떨어지지 않는다. 주식의 가격은 오르기도 하고 떨어지기도 한다. 그러나 임대 부동산은 입주자가 있는 한 매달 임대료를 받을 수 있다. 셋째, 주가는 언제 변동할지 알 수 없지만 부동산은 안정적인 수입이 보장된다. 부동산 투자는 임대 수익과 수리비 등의 비용을 초기에 계획해놓을 수 있으므로 1년 후, 5년 후, 10년 후의 계획을 세울 수 있다.

마지막으로 주식은 환경에 좌우되지만 부동산은 환경에 좌우되지 않는다. 기업이 도산하는 것은 환경 변화에 대응하지 못해서다. 그에 반해 부동산은 환경 변화에 유연하게 대응할 수 있다. 공실이 생기더라도 임대료를 5~10퍼센트 정도 낮추면 대부분 채울 수 있다. 불경기 때 임대 물건의 수요가 없어진 적은 없었다. 부동산 투자는 자산의 리스크를 분산하는 데도 도움이 된다.

부동산 투자의 성공률은 30퍼센트다

✦　　　　　　세상에는 '부의 열차'에 태워주겠다면서 '가난 열차'에 태우는 사람이 수없이 많다. 그들의 단골 멘트는 '무조건 수익 보장'이다. 그런데 잠깐 생각해보자. 왜 무조건 수익이 보장되는 투자 건을 당신에게 소개해줄까? 정말 무조건 수익이 보장된다면 자신이 직접 투자하는 게 더 좋을 텐데 말이다.

최근 알게 된 어느 대학 교수의 이야기다. 그는 무조건 돈을 벌 수 있다는 부동산 회사의 영업에 넘어가 신축 투자용 원룸을 세 칸이나 매입했다. 그런데 월 임대 수입보다 은행 대출 상환액이 더 커서 살지도 않는 건물의 대출금을 갚기 위해 뼈빠지게 일하고 있다며 한탄

했다. 더 여유롭게 살기 위해 시작한 부동산 투자가 오히려 그의 발목을 잡은 것이다.

'무조건 수익 보장'은 상대방의 수익이 보장된다는 뜻이다

실제로 부동산 투자를 해서 잘되는 사람은 30퍼센트밖에 안 된다. 이는 방법이 잘못된 탓이다. 우리 회사 고객들은 거의 전원이 투자에 성공했다. 내가 실제로 부동산 투자를 해서 성공한 방법을 알려주기 때문이다.

좋은 부동산 회사의 영업 사원은 일종의 '컨설턴트' 역할을 한다. 예를 들어 건물이 낡았다면 리모델링을 제안해 높은 임대료를 받을 수 있게 해주는 것이다. 주거용에서 상업용으로 전환하여 임대료를 높일 수도 있고, 외국인용 셰어하우스로 만들어서 예약으로 방을 채우는 것도 생각해볼 만하다. 이처럼 부동산의 가치를 극대화하는 방법은 얼마든지 있다. 그 가능성을 꿰뚫어 볼 수 있어야 부동산 전문가라고 할 수 있다.

고객의 인생 계획을 바탕으로 어떻게 부동산을 활용할지, 부동산의 미래 가치까지 계산해야 한다. 부동산 투자를 통해 고객을 행복하게 만드는 것이야말로 부동산 업계 종사자의 사명이다.

시기, 입지, 경쟁 환경이
좋아야 돈을 번다

✦ 　　　　　　　　부동산으로 돈을 벌기 위해서는 다음 세
조건이 갖춰져야 한다.

　　1. 적절한 시기

　　2. 입지

　　3. 경쟁 환경

이 세 조건을 모두 충족하는 것이 홋카이도의 부동산이다. 먼저
시기를 살펴보자. 지금 홋카이도는 세계적인 관광지로 주목받고 있

다. 하지만 아직 부동산은 비교적 저렴한 편이다. 즉, 이용 가치가 높아지고 있는 데 비해 가격이 낮은 상태다.

수도권에는 투자 수익률이 5퍼센트 전후인 부동산도 많다. 이는 토지 가격이 지나치게 높아졌기 때문이다. 수도권 부동산 투자의 경우 인구가 많아서 안정성은 보장되지만 수익률이 너무 낮아서 좋은 투자라고 하기 어렵다. 한편 홋카이도에는 수익률이 10퍼센트 이상인 부동산도 꽤 있다. 잘 찾으면 수익률 15퍼센트 이상의 고수익 매물을 건질 수도 있다. 애초에 땅값이 싸기 때문에 투자액이 적어서 투자한 돈을 효율적으로 불릴 수 있다.

다음으로 입지 조건을 알아보자. 많이 알려지지 않은 사실인데, 홋카이도에는 크고 작은 금융 기관이 44개나 있다(2019년 기준). 부동산 투자를 할 때 조건 좋은 융자는 거의 필수라고 볼 수 있다. 홋카이도는 금융 기관이 많은 만큼 경쟁이 치열해서 일본 내 다른 지역보다 융자 환경이 좋은 편이다.

마지막은 경쟁 환경이다. 홋카이도는 수도권에 비해 활동하는 부동산 투자가 수가 적다. 우량 매물은 경쟁자가 많을수록 사기 어렵다. 그런 면에서 홋카이도는 경쟁자가 적기 때문에 좋은 매물을 손에 넣을 기회가 훨씬 많다.

부동산 투자가가 적다는 것은 부동산 회사나 금융 기관과 좋은 관계를 쌓기도 쉽다는 뜻이다. 도쿄에는 투자가가 수없이 많기 때문에 부동산 회사에서 일일이 상대해주지 않지만 홋카이도에서는 한 명 한 명 친절하게 응대한다.

회사의 신용 가치를 이용해 불로소득을 얻어라

"이걸 10년 전에 시작했더라면…!"

내가 소개한 부동산을 매입한 고객에게 자주 듣는 말이다. 홋카이도에서 부동산 투자를 하면 돈이 얼마나 들어오는지 실제 사례를 소개한다.

[소재지] 구시로 시 [세대 수] 다인 가구 6세대

[토지 면적] 170평(주차 대수 6대 주차장 포함) [건축 연도] 2005년

[가격] 1억 6,500만 원 [표면 수익률] 17%

빌라 매입에 든 자금 1억 6,500만 원은 전액 금융 기관(주택금융공고)에서 차입하여 조달했다. 구매한 고객은 수도권 거주자로 마침 이케부쿠로에 작은 아파트 한 세대를 소유하고 있어서 그것을 담보로 계약 보증금을 면제받았다.

이 물건은 소개할 당시부터 현재까지 쭉 만실로, 매달 230만 원의

임대 수입이 발생한다. 매입할 때 빌린 1억 6,500만 원은 15년간 균등 상환이라서 매년 1,100만 원을 상환해야 한다. 연간 임대료 약 2,750만 원에서 원금 상환액 1,100만 원을 빼면 이익은 약 1,650만 원이므로 매달 140만 원 정도가 들어오는 셈이다.

금융 기관에서 빌린 돈의 금리는 약 1퍼센트이므로 납부 이자는 매달 10만 원 정도다. 즉, 이 고객은 월 10만 원의 이자를 은행에 납부함으로써 매달 130만 원의 불로소득을 얻을 수 있는 구조를 만든 것이다.

부동산 투자는 가속적으로 돈이 불어나는 게임이다. 투자 자금 회수를 최대한 앞당기기 위해 투자는 1년이라도 일찍 시작하는 편이 좋다. 일단 회사원이면 어렵지 않게 자금을 대출받을 수 있다. 이름 있는 기업에 다닐수록 더 수월하게 투자금을 마련할 수 있다. 만일 당신이 회사원이라면 레버리지 효과를 활용하기에 아주 유리한 위치이므로 이러한 이점을 최대한 활용해야 한다.

자산을 불리는
목적을 생각하라

✦　　　　　암은 유전자 이상이 나타난 세포가 무제
한으로 증식하여 인간의 목숨을 앗아가는 병이다. 이와 비슷하게 투
자도 암세포가 되지 않도록 조심해야 한다. 무한정 자산 불리기가
목적이 되면 투자가는 사회에 해악을 끼치는 수전노로 전락하기 때
문이다.

왜 '자산을 불리는 것' 자체가 목적이 되지 않도록 경계해야 할까?
돈이란 원래 다양한 상품으로 교환하거나 저장해두기 위한 매체이
므로 특별히 나쁜 것은 아니다. 그러나 돈을 불리는 것 자체를 목표
로 하는 사람은 수단을 가리지 않는다. 범죄나 위법 행위로 돈을 버

는 등 윤리관이 마비되어 많은 사람을 불행하게 만들고도 죄책감을 느끼지 않는다. 그렇기 때문에 때로는 멈춰 서서 자산을 늘리는 목적이 무엇인지 생각해봐야 한다.

돈을 불리는 궁극적인 목적을 생각하라

나는 자산이 500억 원을 돌파했을 때 이 돈을 1,000억 원, 1조 원으로 늘리는 목적이 무엇인지 생각해보았다. 깊은 생각 끝에 모은 돈을 금융 리터러시 교육에 사용하여 더 많은 사람을 행복하게 하겠다는 목표를 세웠다. 금융 리터러시를 높이는 교육자가 된다는 목표를 달성하려면 막대한 자금이 있어야 한다. 아이들에게 돈에 대해 가르치려면 의무 교육을 개혁해야 하므로 정치적인 영향력도 필요하다.

마블 시리즈 중 엄청난 인기를 얻은 영화 〈아이언맨〉에서 주인공 토니 스타크는 무기 제조 회사의 사장이다. 그런데 자신도 모르는 사이에 무기가 테러 조직으로 부정 유출되고 있었다. 납치된 곳에서 자기 회사의 무기가 수많은 난민의 생명을 위협하는 것을 본 그는 큰 결심을 한다. 무기 사업을 그만두고 자신이 만든 철갑 슈트를 평화를 위해 사용하기로 한 것이다. 돈도 마찬가지다. 돈을 어떻게 다루느냐에 따라 선도 되고 악도 될 수 있다.

The Road To The Rich

제5장

돈, 어떻게
쓸 것인가?

현명하게 돈을 쓰는 방법

죽은 돈, 살기 위한 돈, 살아 있는 돈

✦ 　　　　돈을 쓰는 방법은 낭비, 소비, 투자 세 가지다. 나는 더 알기 쉽게 낭비를 '죽은 돈', 소비를 '살기 위한 돈', 투자를 '살아 있는 돈'이라고 부른다.

낭비한 돈은 아무것도 남기지 않고 사라진다. 사라진다는 건 죽는 것이나 다름없으므로 죽은 돈이다. 의식주 등 살아가기 위해 소비하는 돈은 살기 위한 돈이다. 투자를 통해 마치 살아 있는 것처럼 크게 성장하는 돈은 살아 있는 돈이다.

이 세 가지의 차이를 몰라서 돈을 묵혀 두는 사람이 많다. 낭비, 소비, 투자를 모두 같은 것으로 보고 오로지 절약하려고만 한다. 하지만 부의 열차 승객은 이 세 가지의 차이를 확실히 안다. 그리고 '투자'에 돈을 써서 자산을 불린다.

돈을 쓸 때는
황금 비율을 기억하라

낭비, 소비, 투자에는 적절한 비율이 있다. 가령 당신의 지갑에 100만 원이 들어 있다고 하자. 지금까지 이 100만 원을 죽은 돈, 살기 위한 돈, 살아 있는 돈에 어떤 비율로 사용해왔는지 계산해보자. 보통은 3대 7대 0일 것이다. 내가 권장하는 것은 죽은 돈, 살기 위한 돈, 살아 있는 돈을 1대 6대 3의 비율로 맞추는 것이다. 이는 부의 열차에 타기 위한 황금 비율이다.

죽은 돈(낭비하는 돈)을 완전히 0으로 만들면 인생이 지루해진다. 또 살기 위한 돈(소비하는 돈)을 지나치게 줄이면 건강을 해칠 수도 있다. 그리고 살아 있는 돈(투자하는 돈)을 갑자기 3으로 만들기는 어려우므로 우선 1을 목표로 하여 그것을 달성하면 2로 높이고, 최종적으로 3까지 높이는 것이 좋다. 이 황금 비율로 3년 정도 생활하면 돈에 대한 감각이 확 달라질 것이다.

돈의 방어력과
전투력을 높여라

✦　　　　　　　가계부를 써본 적이 있는가? 가계부를 쓰는 목적은 생활비를 절약하는 것이 아니다. '살아 있는 돈'을 찾아내기 위해 쓰는 것이다.

　가계부의 장점은 우선 자신이 사용한 돈을 '죽은 돈', '살기 위한 돈', '살아 있는 돈'으로 분류할 수 있다는 점이다. 특히 죽은 돈의 색출은 아주 중요한 작업이다. 또한 가계부는 돈에 대한 방어 의식을 높인다. 더는 줄일 수 없을 것 같은 생활비에도 잘 보면 쓸데없는 보험료나 통신비가 숨어 있다. 매달 나가는 불필요한 경비를 줄이면 다음부터 그만큼을 살아 있는 돈으로 사용할 수 있다. 이렇게 살아 있는 돈을 찾아내서 투자에 활용하면 미래 설계도를 그릴 수 있다. 돈이 늘어나면 할 수 있는 일의 폭이 넓어져 인생도 즐거워진다.

가슴을 두근거리게
하는 것에 돈을 써라

그렇다면 '죽은 돈'과 '살아 있는 돈'을 구분하는 기준은 무엇일까? 기준은 단 하나다. 애정 없이 쓴 돈은 모두 죽은 돈이라고 해도 좋다. 여기서 애정이란 두근거림을 말한다. 당신은 돈을 쓸 때 가슴이 두근거리는가? 그렇다면 그것은 당신에게 '살아 있는 돈'이다. 돈을 쓸 때 두근거리지 않았다면 그 돈은 모두 '죽은 돈'이다. 가고 싶지 않은 모임에 나가서 수십만 원을 쓰거나, 주위의 눈을 의식해 무리해서 고급 차를 샀다면 그 돈은 '죽은 돈'이라고 할 수 있다.

나는 과거에 '살아 있는 돈'을 받은 적이 있다. 어머니가 주신 학원비였다. 아버지 없이 어머니 혼자서 나를 키우셨는데, 당시 어머니는 낮에는 회사에서, 밤에는 식당에서 일하셨다. 그렇게 번 돈으로 학원비를 마련해주셨다. 어머니가 나에게 투자한 돈은 지금 어마어마한 액수의 '살아 있는 돈'이 되었다. 투자한 것의 몇백 배를 돌려드렸기 때문이다.

금고 안에 잠들어 있는
돈을 깨워라

✦　　　　　　　　국가 경제에서 돈은 혈액과 같다. 혈액이
우리의 몸을 순환하듯이 돈도 천하를 구석구석 막힘없이 돌아야 한
다. 흐름이 멈추면 회사뿐만 아니라 나라 전체가 숨통이 끊어진다.

지금은 초저금리 시대다. 금리가 낮아지다 못해 마이너스 금리까
지 등장했다. 은행에 돈을 맡기면 오히려 줄어드는 것이다. 그런데
도 돈이 원활하게 돌지 않는다. 돈을 빌려서 투자하려는 사람이 압
도적으로 부족하기 때문이다. 게다가 지방 은행의 거듭된 합병으로
지점이 줄어들면서 지방에 돈이 충분히 돌지 못하게 되었다. 고령화
가 진행된 지역에서는 ATM마저 사라지기 시작했다.

돈을 막힘없이
순환시켜라

돈이 막힘없이 흘러야 세상이 풍요로워진다. 한곳에 고여 있는 돈은 누구에게도 도움이 되지 않는다.

부동산 투자를 예로 돈의 흐름을 살펴보자. 먼저 부동산 투자가가 은행에서 돈을 빌려 아파트를 매입한다. 그러면 거기에 사람이 입주해 살게 된다. 입주자는 일해서 번 돈을 집세로 낸다. 부동산 투자가는 그 돈을 아파트 관리 회사나 대출금을 상환하는 데 사용하고, 남은 돈(이익)을 또 다른 사업에 투자한다. 이렇게 투자하는 사람이 늘어나면 금고 안에 잠들어 있던 돈은 세상 곳곳을 돌아다니게 되고 관련된 사람들의 생활을 풍요롭게 만든다.

'일하지 않고 돈을 버는 것은 나쁘다'고 말하는 사람도 있지만 그것은 돈을 불리는 과정을 모르고 하는 말이다. 부동산 투자도 돈을 순환시키는, 엄연히 사회에 도움이 되는 활동이다. 다시 말해, 투자는 경제를 활성화하여 관련된 사람들을 행복하게 만드는 바람직한 활동이다. 부디 당당하게 투자에 뛰어들어 부의 열차에 탑승하길 바란다.

사람에게 투자하면
가장 큰 수익으로 돌아온다

✦ 　　　　　　　미국의 강철왕이라고 불리는 앤드류 카네기의 묘비에는 이런 말이 새겨져 있다.

　"뛰어난 사람을 끌어모으는 방법을 터득한 자, 여기에 잠들다."

　자동차왕 헨리 포드도 우수한 인재들을 모은 것으로 유명하다. 혼다를 세계적인 기업으로 만든 혼다 소이치로本田宗一郎 또한 우수한 인재를 모아 그들에게 투자하는 것의 중요성을 역설했다.

　나 또한 직원에게 투자하는 것이 사업을 성공시키는 비법이라고 생각한다. 직원이 성장하면 회사에 막대한 이익을 가져다주기 때문이다. 그런데 사람에 대한 투자는 단순히 돈을 많이 준다고 되는 것이 아니다. 무엇보다 경영자의 마음가짐이 중요하다.

고등학교에서 배운 미분·적분이나 생물 수업, 세계사 연표 등 억지로 외운 것은 안타깝지만 학교를 졸업함과 동시에 머릿속에서 사라진다. 즉, 자기 돈을 내서 자주적으로 배우려고 하지 않는 한 지식이나 기술은 몸에 익지 않는다. 취업 지원 센터에 가면 비슷한 예를 볼 수 있다. 취업 지원 센터에서는 일자리를 구하는 사람에게 무료로 직업 훈련을 해주는데, 무료 강의의 경우 졸고 있는 사람이 대부분이라고 한다. 아무래도 무상으로 제공되는 교육에는 집중하지 못하는 사람이 많은 것 같다. 자발적으로 돈을 들여 자신에게 투자하지 않으면 성장할 수 없다.

요즘 대학생들은 강의를 빼먹고 친구에게 대리 출석을 부탁하기도 한다. 이러한 행위가 아무렇지 않게 자행되는 것은 등록금을 부모가 내주는 경우가 많아서일지도 모른다. 스스로 돈을 내지 않기 때문에 진지하게 배우지 않는 것이다. 반면 미국 학생들은 대부분 학자금 대출을 받아서라도 스스로 학비를 낸다. 혹시라도 교수가 휴강하려고 하면 학비를 낸 만큼 강의해달라고 맹렬하게 항의한다고 한다. 진지함의 정도가 이 정도로 차이 나면 습득하는 내용이나 성장하는 속도 면에서도 큰 차이가 날 수밖에 없다.

자신을 성장시키기 위해
돈을 써라

유럽이나 미국은 부모와 자식이 함께 모금 활동을 하는 등 기부 문화가 활성화되어 있다. 과거 일본에서는 '희사'喜捨라는 문화가 있었다. 이것은 원래 불교 용어로 가난한 사람에게 베풂으로써 덕을 쌓아 극락정토에 가기 위한 수행의 일환이었다.

진정한 부자는 일상적으로 기부한다. 습관이라고 해도 좋다. 왜냐하면 부자의 마인드 중 빼놓을 수 없는 것이 '나는 이미 충분하다'는 감각이기 때문이다. 기부라는 행위는 그것을 실감하게 해준다.

기부의 훌륭한 점은 보이지 않는 사람에게 구원의 손길을 내민다는 점이다. 아는 사람도 아닌, 일면식도 없는 사람을 도와주는 것은 인간으로서 무엇보다도 숭고한 행위라고 생각한다.

기부는 돈을 버는 목적이 되기도 한다. 연봉이 5~10억 원 정도 되면 개인이나 가족 단위의 욕망은 모두 충족되기 때문에 그 이상 돈을 벌 의지를 잃게 된다. 많은 사람이 중산층에 머무는 이유가 이것이다. 이때 기부를 새로운 목표로 삼으면 돈을 버는 데 동기부여가 된다. 사회를 바람직하게 만들기 위한 돈은 많으면 많을수록 좋으므로 의욕을 유지할 수 있다.

내가 하고 있는 다양한 기부 중 가장 동기부여가 되는 것은 고향에 은혜를 갚는 것이다. 버찌 따기나 바비큐 파티 등의 행사를 개최해서 마을 사람들의 웃는 얼굴을 보는 것이 나의 큰 기쁨이다.

지인 중 택시를 타고 내릴 때 꼭 "이걸로 음료수라도 사 드세요." 하고 2,000원을 건네는 사람이 있다. 그러면 택시 기사는 "놓고 가시는 물건 없는지 잘 보세요!" 하고 기분 좋게 인사해준다고 한다. 아마 그 택시 기사는 다음 손님을 태울 때도 웃는 얼굴로 인사할 것이다. 친절한 응대를 받은 다음 승객은 기분이 좋아져서 또 다른 누군가에게 친절을 베풀지도 모른다. 단돈 2,000원으로도 충분히 행복을 전파할 수 있다.

꿈을 사면 여러 개의
인생을 살 수 있다

✦ 　　　　　　　투자가는 자신의 꿈을 위해 도전하는 젊은이를 응원한다. 스티브 잡스에게 자금을 지원하고 응원을 아끼지 않은 것은 인텔 직원이었던 마이크 마쿨라Mike Markkula였다.

1978년, 미국 뉴햄프셔대학교 교수 윌리엄 웨첼William Wetzel은 벤처 기업을 지원하는 개인 투자자를 '에인절 투자가'angel investor라고 명명했다. 에인절 투자가는 일본의 경우 800명 정도지만 미국에는 26만 8,000명이나 있다.

미국에는 에인절 투자 성공 사례가 수없이 많다. 한때 세계에서 두 번째로 큰 컴퓨터 제조사였던 휴렛팩커드는 스탠퍼드대학교의 에인절 투자 제1호로 알려져 있다. 스탠퍼드대 프레데릭 터먼_{Frederick} E. Terman 교수에게 투자를 받은 두 학생이 자택 차고에서 사업을 시작한 것으로 유명하다. 그 밖에도 스탠퍼드대의 에인절 투자로 탄생한 기업은 구글, 인텔, 야후 등 셀 수 없이 많다. 도쿄대에서도 최근 벤처 창업을 전폭적으로 지원하고 있지만 아직 비교도 안 되는 수준이다.

미국은 기발한 아이디어를 가진 소규모 회사가 에인절 투자가에게 자금을 지원받아 사업을 성공시킬 수 있는 체계가 마련되어 있다. 콧노래를 부르면 곡 정보를 찾아주는 애플리케이션을 개발한 회사가 1,100억 원 이상의 출자금을 모을 정도다. 나 역시 에인절 투자가로서 투자할 곳을 끊임없이 찾고 있다. 앞으로 많은 에인절 투자가가 등장해서 참신한 아이디어와 열정을 가진 대학생과 벤처 기업에 자금을 지원했으면 하는 바람이다.

도전하는 젊은이를 응원하라

일본인의 저축률은 세계에서 가장 높다. 그리고 죽기 직전에 '최고 잔고'를 기록하는 사람이 많다고 한다. 힘들게 모은 돈을 그대로 끌어안은 채 죽는 것과 후진 양성을 위해 남김없이 쓰고 죽는 것 중 어느 쪽이 더 행복한 인생일까?

꿈에 선행 투자하는 투자가는 여러 개의 인생을 살 수 있다. 투자에 의해 타인의 꿈이 실현되면 자신의 꿈이 실현되는 것이나 다름없다. 그래서 금전적인 지원과 협력과 조언을 아끼지 않는 것이다. 그리고 성공한 투자가에게는 반드시 큰 보상이 주어진다. 그것은 바로 부의 열차 티켓이다.

나는 진정한 투자가란 꿈을 위해 돈을 쓰는 사람이라고 생각한다. 예를 들어 소프트뱅크의 손정의는 오직 사회 인프라 구축에만 돈을 투자하고 그 이외의 것에는 돈을 쓰지 않는다. 즉, 그는 미래를 만드는 일에 투자한다. 일시적인 유행에는 손대지 않는다는 방침을 지키기 때문에 소프트뱅크는 정상의 자리를 유지할 수 있는 것이다.

에너지 산업의 경우, 가솔린은 20~30년 뒤 재산 가치를 잃을 것으로 예상된다. 또 태양광 발전 등 자연 에너지를 이용해 가정에서 전기를 만들 수 있는 시대가 오면 전기(전력 회사)의 가치도 떨어질 것이다. 그래서 빌 게이츠는 신재생에너지에 5년간 2조 4,000억 원을 투자하겠다고 발표했다.

나는 투자가로서 토지에 투자하고 있다. 세대가 바뀌고 건축물이 바뀌어도 사람들에게 살아갈 장소를 제공하는 토지의 가치는 100년 후에도, 200년 후에도 변치 않을 것이기 때문이다.

부의 샘은
베풀수록 솟아난다

✦ 　　　　　　　속독법으로 유명한 포토리딩을 지도하는
다마가와 이치로玉川—郎가 쓴《마인드 리치》マインドリッチ라는 책이 있
다. 이 책에서는 인생을 바꾸는 새로운 가치관으로 '마인드 리치'라
는 개념을 소개한다.

- 마인드 리치란 마음이 충족된 상태를 말한다.

- 마음이 충족되면 돈에 얽매이지 않는 만족도 높은 삶을 살 수 있다.

- 타인을 신경 쓰지 않고 자신을 사랑하며 살 수 있다.

마인드 리치를 손에 넣는 방법은 바로 베푸는 것이다. 우리의 몸에는 '부_富의 샘'이 존재한다. 그 샘은 아무리 퍼내도 마르지 않고 베풀면 베풀수록 물이 펑펑 솟아난다. 반대로 혼자서 샘을 독차지하고 베풀지 않으면 물은 썩고 만다.

부의 샘물을
많은 사람과 나눠라

내가 생각하는 부자 마인드도 이와 비슷하다. 많은 사람을 도울수록 마음이 충족되고 범위를 점차 넓혀 나가면 세상이 좋은 방향으로 변해서 인생의 만족도도 높아진다.

부의 샘은 타인을 기쁘게 하려는 마음이 흘러넘쳐서 생긴 것이다. 나가사키에 위치한 유원지 하우스텐보스는 여행 회사 HIS의 창립자 사와다 히데오澤田秀雄가 사장으로 취임한 이후 독자적인 이벤트로 집객에 성공했다. 전국에서 실력 있는 정원사를 불러 정원을 조성하고 일루미네이션도 일본 최대 규모로 만들었다. 돈이 부족해도, 부지가 협소해도 방문객을 기쁘게 하기 위해 일본 최고를 목표로 한 것이다. 그 결과 적자 시설에서 연간 300만 명이 방문하는 흑자 시설로 다시 태어났다.

富

제6장

열차 강도를 피하려면
어떻게 해야 할까?

돈의 방어력을 높이는 법

소비 욕구에
현명하게 대처하는 법

✦　　　　　　간혹 힘들게 탄 부의 열차에서 떨어지는 사람이 있다. 바로 소비 욕구를 이기지 못한 승객이다. 부의 열차가 너무 편안한 나머지 아무 생각 없이 돈을 쓰다 빈털터리가 되고 만 것이다. 전용 제트기나 요트, 또는 페라리 같은 고급 차를 마구 사들이다 회사가 기울기 시작했는데도 사치스러운 생활을 그만두지 못하고 결국 파산하는, 경영자에게 많이 나타나는 패턴이다.

부의 열차에 타면 누구나 자연스럽게 소비 욕구가 생긴다. 못 사던 것을 살 수 있게 되면 당연히 돈을 쓰고 싶어진다. 그렇다면 이 소비 욕구를 어떻게 해결해야 할까?

경험상 소비 욕구와의 싸움에서 계속 이기는 것은 불가능하다. 근대 일본의 대표적인 사업가 시부사와 에이이치渋沢栄一는 "무욕은 태만의 근본이다."라는 명언을 남겼다. 욕구 자체를 부정하는 것은 미덕이 아니라 단지 사람을 게으르게 만들 뿐이라는 뜻이다. 욕구와 무조건 싸우려고 하기보다는 적당히 발산하기를 추천한다. 그리고 돈을 쓴 이상으로 벌면 된다.

운동이든 취미활동이든 자신의 욕망을 충족시킬 수 있는 방법을 찾아라. 소비 욕구를 완전히 억제하면 부의 열차에 더 빨리 탈 수 있을 거라고 생각하는 사람도 있겠지만 그러지 않는 편이 좋다. 소비 욕구를 채우지 않으면 그 스트레스가 엉뚱한 데서 폭발하기 때문이다. 경영자가 범죄를 저지르거나 문제를 일으키면 자신의 가족은 물론 회사에도 큰 피해를 준다.

시간이 흘러 돈을 자유롭게 쓸 수 있는 때가 오면, 주위에 자랑하거나 스트레스를 해소하기 위해서가 아니라 자신의 가치관을 드러내기 위해 아낌없이 돈을 썼으면 한다. 진심으로 의미 있다고 생각하는 일에 돈을 쓰는 것이야말로 가장 가치 있는 소비다.

어느 시골에 형은 목사, 동생은 독실한 신자인 사이좋은 형제가 있었다. 두 사람은 힘을 모아 노쇠한 어머니를 모시고 있었는데, 어느 날, 집 가까이에 자기부상열차가 다니게 되었다. 그전까지 휴경지였던 땅에 갑자기 30억 원의 가치가 생긴 것이다. 그러자 두 사람은 토지를 둘러싸고 격렬하게 싸우기 시작했다. 결국 둘은 껄끄러운 사이가 되어 어머니를 모시는 것도 소홀히 하게 되었다.

큰돈을 손에 넣고 부의 열차에 타게 되었지만 형제는 가족이 풍비박산 나는 불행한 결말을 맞았다. 왜 그렇게 됐을까?

이 두 사람에게는 갑자기 생긴 큰돈을 담을 '돈의 그릇'이 없었기 때문이다. 이러한 불행을 겪지 않으려면 감정적인 면에서의 성장이 필요하다. 돈을 다루는 법을 배워야 한다. 이 과정 없이 큰돈을 손에 넣으면 돈의 마력魔力으로 인해 가장 소중한 것을 잃게 된다.

미리 돈의 그릇을
키워라

비슷한 예가 고액 복권 당첨이다. 고액 복권 당첨자는 일가족이 뿔뿔이 흩어지거나 파산해서 노숙자로 전락하는 등 비참한 말로를 맞는 경우가 많다. 유산 상속이나 거액의 보험금을 받은 사람도 3분의 2가 10년 이내에 재산을 모조리 잃는다고 한다.

"치세에 있기에 오히려 난세를 잊지 않는다."라는 격언이 있다. 평화로울 때도 방심하지 않고 비상시에 대비해야 한다는 뜻이다. 쉽게 풀자면 "가난하기에 오히려 부를 잊지 않는다."가 된다. 지금 아무리 어려워도 돈을 받아들일 마음의 그릇은 크게 가져야 한다.

부의 열차에 오르는 걸
방해하는 3대 유혹

✦　　　　　　인생을 파멸로 이끄는 '3대 유혹'은 예로
부터 마시고, 내기하고, 즐기는 것이다. 실제로 수많은 사람이 술, 도
박, 유흥에 재산을 탕진한다. 10년 동안 번 돈을 하루 만에 쓴다는
말까지 있는 도박의 본고장 라스베이거스의 자살률은 전미 평균을
50퍼센트나 웃도는 것으로 알려졌다. 빈털터리가 된 사람이 창문으
로 뛰어내리는 것을 막기 위해 라스베이거스의 호텔 창문은 열리지
않는다고 한다.

　일본에서 가장 많은 돈이 유입되는 도박은 파친코로, 매출액은 연
간 187조 원에 달한다. 일본의 방위 예산이 55조 원인 것을 생각하

면 실로 엄청난 금액이다. 나라를 지키는 예산의 세 배가 넘는 돈이 오락에 사용되는 것이다. 도박의 무서운 점은 돈을 잃으면 잃을수록 뇌에서 도파민이 분비되어 '다음번에는 만회한다!'는 생각에 빠진다는 점이다. 그렇게 되면 영영 현실 세계로 돌아오지 못한다. 오직 빚과 파산만이 기다리고 있을 뿐이다.

형편에 맞게
절제하라

술 역시 비싼 술은 가격에 한도가 없다. 해외 경매에서는 와인 한 병이 5억 원이 넘는 가격에 낙찰되기도 했다. 긴자 클럽에서 일하는 호스티스 중에는 하룻밤에 일반 회사원의 연봉만큼 버는 사람도 많다.

술이나 유흥에 빠지면 얼마나 많은 돈이 드는지 잘 알 것이다. 번 돈을 전부 도박이나 술, 유흥에 쏟아부으면 부의 열차에 타기 어렵다. 물론 비싼 술집에서 술을 마시는 것이 자기 형편에 맞는 범위면 문제가 없다. 그런 곳에서 정보나 인맥 그리고 일할 힘을 얻는다면 오히려 '투자'라고 볼 수 있다. 하지만 이 역시 도를 지나치면 낭비가 된다. 참고로 나도 마시고, 내기하고, 즐긴다. 다만 나는 고객과 와인을 마시고, 동료 경영자와 골프 내기를 하고, 토지 사는 것을 즐긴다.

우정을 잃고 싶지 않다면
돈을 빌려주지 마라

✦　　　　　　　돈과 관련해서 한 유명인이 이야기해준 일화가 있다.

　그가 초등학교에 들어가기 전 어느 날, 친구를 집에 불러 큰소리를 내며 시끄럽게 놀았다. 친구가 집으로 돌아간 뒤 아버지가 그를 불렀다. 아버지는 무서운 얼굴로 그에게 이렇게 말했다.

　"네가 어른이 되면 지금 놀러 온 친구 중 몇 명은 너에게 돈을 빌려 달라고 할 게다. 하지만 절대 돈을 빌려주면 안 돼. 그런 사람하고는 연을 끊도록 해라."

　성인이 되자 아버지의 말대로 그때의 친구들 중 몇 명이 돈을 빌리러 왔다. 그는 아버지의 가르침을 따라 그 친구들과 연을 끊었다.

내가 겪은 바로도 그렇다. 돈을 빌리거나 빌려주면 반드시 인간관계가 망가진다. 왜냐하면 돈을 빌려주는 순간부터 부정적인 에너지가 흐르기 때문이다. 원래 돈에는 상품이나 서비스에 대한 고마움이나 기쁨 같은 긍정적인 감정이 담겨 있다. 그렇게 건네진 돈은 막힘없이 흘러 관련된 사람들을 행복하게 만든다. 그러나 빌린 돈에는 괴로움이나 불안 같은 부정적인 감정이 깃든다.

누적 100만 부 이상 팔린 '1분 만에 좋아지는' 시리즈 중 이시노 미도리石野みどり가 쓴《내 마음 먼저 챙기고 싶을 때 읽는 책》에는 우정을 깨뜨리지 않고 돈을 빌려 달라는 부탁을 해결하는 재미있는 방법이 나온다. 만일 친구가 돈을 빌려 달라고 하면 그 자리에서 '전 재산'을 건네는 것이다. 여기서 전 재산이란 현재 지갑에 들어 있는 돈 전부를 말한다.

지갑에는 일반적으로 '나이×1만 원'의 현금이 들어 있다고 한다. 그러므로 20세인 사람은 20만 원, 40세인 사람은 40만 원을 상대방에게 주라는 것이다. 이는 갚는 것을 기대하지 않고 줄 수 있는 금액이다.

'하마코'라는 애칭으로 유명한 정치가 하마다 고이치浜田幸—는 생전에 수백억 원의 자산을 모았으나 말년에 모조리 잃었다고 한다. 그는 스모를 통해 알게 된 어떤 사람에게 몽골 금 광산 개발 회사에 투자하면 열 배의 이익을 얻을 수 있다는 말을 듣고 전 재산을 그 회사에 쏟아부었다. 그러나 얻은 것은 토지의 소유권이 아니라 채굴권뿐이었다. 이후에도 채굴 지점 탐사에 수십억 원이 필요하다는 말에 계속 돈을 냈다.

'속는 셈 치고'라는 말을
조심하라

이렇게 사기꾼은 정치가든 조폭 두목이든 상관없이 누구라도 속일 수 있다. 정치가나 조폭 두목은 자신을 속이는 사람이 있을 리 없다는 생각 때문에 오히려 쉽게 속아 넘어간다. 영업 사원의 설명이나 안내 책자에 다음과 같은 문구가 나오면 주의하자.

- 무조건 수익이 보장된다.
- 누구나 간단히 할 수 있다.
- 기회는 지금뿐이다.
- 투자 원금은 보장된다.
- 절세 효과가 있다.
- 노후에 연금이 된다.
- 속는 셈 치고 해봐라.

아무리 조심해도 사기꾼은 갖은 수법을 써서 우리의 경계심을 무너뜨리려고 한다. "이건 다단계가 아닙니다." 이는 다단계의 전형적인 권유 문구다. 당당하게 본질적인 부분을 부정하면 사람은 경계심을 풀어버리기 마련이다. 밤 아홉 시 넘어 불쑥 찾아온 방문 판매원이 "이런 시간에 방문해서 수상하게 생각하실 수도 있지만…." 하고 운을 떼면 수상쩍게 여기다가도 상대방의 지적을 부정하는 의식이 작용한다.

설명 책자나 홈페이지가 유난히 화려한 경우 수상한 돈벌이일 가능성이 있으므로 주의하는 게 좋다. '이렇게 제대로 된 책자와 홈페이지가 있으니 괜찮겠지' 하고 착각하게 하기 위해 사기꾼은 아낌없이 돈을 쓴다. 지옥행 열차의 겉면은 도금으로 반짝반짝 빛나는 법이다.

부자가 부유함을
티 내지 않는 이유는?

✦　　　　　　　세계적으로 유명한 비즈니스 컨설턴트
로저 해밀턴Roger J. Hamilton이 만든 '웰스 다이내믹스'Wealth Dynamics(부의
역학)라는 교육 프로그램이 있다. 이 프로그램에서는 성공하는 사람
의 유형을 성격에 따라 여덟 가지로 분류하는데, 스타, 서포터, 트레
이더, 크리에이터, 딜메이커deal maker, 어큐뮬레이터accumulator, 로드lord,
메커닉mechanic이다.

이 중에서 로드는 '영주', '지배자'라는 의미로, 이 유형에 속하는
사람은 철두철미하게 돈을 벌고 그 사실을 아무에게도 말하지 않는
다. 로드 유형의 성공자로는 미국의 강철왕 앤드류 카네기, 세계 최

초의 억만장자 존 록펠러 등이 있다.

부의 열차 승객은 사업이나 투자로 돈을 많이 벌어도 그 사실을 떠벌리지 않는다. "덕분에 그럭저럭 해나가고 있습니다." "아직까지는 순조롭게 진행되고 있어요." 이런 식으로 겸허한 태도를 잃지 않는다.

돈을 많이 번다고 주위에 떠벌려봐야 좋을 것은 하나도 없다. 같은 업계 사람이나 주위 사람들이 안 좋은 시선으로 볼 수도 있고, 전혀 켕기는 구석이 없는데도 세무 조사 대상으로 선정되어 쓸데없이 시간을 빼앗길 수 있다. 또한 자녀나 가족이 범죄의 표적이 될 수도 있다. 그래서 자녀의 얼굴은 절대 공개하지 않는다. 얼굴이 알려지면 등·하교 도중 유괴되어 수백억의 몸값을 요구할 가능성이 있기 때문이다.

자기 자랑은
백해무익하다

부의 열차 승객은 남에게 자랑하는 것보다 사회를 바람직하게 만드는 것에 관심이 많다. 그들은 공통적으로 '이익은 감사의 증표'라고 생각한다. 많은 사람에게 이로운 일을 하면 그것이 이익으로 되돌아온다는 것을 알고 있다.

부자는 스스로 부자라고 공언하지 않지만 일상적으로 일류와 대화하고 최고의 환경에서 생활한다. 그래서 부자는 어설픈 사기꾼에게 속지 않는다. 사기꾼이 제아무리 명품 브랜드 옷을 입고 세상에서 하나뿐인 값비싼 시계를 차고 나타나도 곧바로 위화감을 느끼고 경계한다.

수상한 사람에게는 다음 세 가지 특징이 있다.

1. 타인의 권위를 빌린다.

자신의 실력이 아니라 타인의 권위를 내세워 과시한다. 총리와 술을 마신 적이 있다, ○○기업 대표와 친구라는 등 자랑을 늘어놓는다.

2. 돈 번 이야기를 한다.

사기꾼은 상대방의 '일확천금에 대한 욕망'을 자극하기 위해 무조건 과장해서 이야기한다. "미공개 주식을 사서 1,000만 원을 100억 원으로 만들었다." 같은 허황된 이야기가 술술 나온다.

3. 생활이 화려하다.

고급 외제차를 몰고 다니거나 명문 골프 클럽의 회원권을 가지고 있고, 화려한 명품 옷을 입으며 고급 아파트에 산다. 이것은 모두 속일 상대의 신용을 얻기 위한 소도구다.

가상 통화 사기를 당한 사람들이 '고이율·안심·안전'이라는 광고 문구에 넘어간 것은 손쉽게 돈을 벌고 싶은 마음이 있었기 때문이다. 결국 수상한 사람을 끌어들이는 것은 자기 자신의 욕망이다. 편하게 돈을 벌려고 하면 사기꾼들이 당신의 돈을 가로채기 위해 몰려온다. 반대로 올바른 생각을 가지고 있으면 수상한 사람은 얼씬도 하지 않는다.

사기꾼은 자신의 욕심을 비추는 거울 같은 존재다. 유유상종類類相從이라는 말도 있듯이 사기꾼을 불러들이는 것은 바로 나 자신일 수 있으므로 항상 경계해야 한다.

돈을 지키는
경비원을 고용하라

✦　　　　　　　'하이재킹'Hijacking이라는 말은 미국 서부
개척 시대에 생겨났다고 한다. 당시 미국에서는 길가에 매복해 있던
강도가 지나가는 마차를 미국에서 흔한 이름 중 하나인 잭이라고 불
러 세워 올라탄 다음, 정체를 드러내고 금품을 빼앗는 사건이 빈번
하게 일어났다. 여기서 유래하여 하이재킹이라는 단어가 생겼다고
한다. 현대에 와서는 비행기를 공중에서 납치하는 범죄를 하이재킹
이라고 부른다.

　지인 중 한 명이 FX 사기에 걸려든 적이 있다. FX 자동 매매 프로
그램을 구매하면 컴퓨터가 자동으로 외환을 사고팔아서 구매자는

아무것도 안 해도 돈을 벌 수 있다는 것이었다.

하지만 냉정하게 생각해보자. 정말 그 컴퓨터 프로그램으로 돈을 벌 수 있다면 개발한 사람은 굳이 수고롭게 다른 사람에게 팔지 않고 자기 혼자 썼을 것이다. 그 프로그램을 모르는 사람에게 팔아넘기려고 하는 이유는 그것으로 돈을 못 번다는 것을 알기 때문이다.

나도 수상한 꾐에 넘어가 사기를 당한 적이 있다. 지금으로부터 10여 년 전, 가상 세계에서 다양한 생활을 즐기는 '세컨드 라이프'라는 게임이 유행했다. 그 가상 세계에 상점을 낼 수 있는 권리를 샀는데 돈을 입금하자마자 업자와 연락이 끊어지고 말았다. 최근에는 홋카이도 후라노 시에 유명 리조트 개발 회사가 진출할 예정이라며 주변 토지 선점을 제안해온 지주가 있었다. 그는 5억 원을 빌려 달라며 차용 증서를 보냈다. 토지에 관한 것은 내 전문 분야이므로 저당권을 설정한다면 검토해보겠다고 말하자 연락이 뚝 끊겼다.

재산을 지키기 위한 돈은 절대 아끼지 마라

2015년, 영국의 한 대여 금고에서 4,000억 원에 달하는 보석이 사라지는 사상 최악의 도난 사건이 발생했다. 보석이 쉽게 도난당한 이유는 다름 아닌 경비원의 시급이 낮아서였다.

사건이 일어난 밤, 경보 장치가 울렸지만 경비원은 문의 외관만 보고 이상이 없다고 판단했다. 왜 실내를 확인하지 않았냐고 추궁하자 그는 '자세히 알아볼 정도로 급여를 많이 주지 않아서'라고 대답했다. 경비원은 지나치게 낮은 급여로 인해 귀중품을 지키려는 의욕도 사명감도 없는 상태였다. 대여 금고 경영자는 얼마 안 되는 돈을 아끼려다가 막대한 손해를 입었다.

돈의 세계에서도 비슷한 일이 일어난다. 집을 비운 사이에 도둑이 들지 않도록 경비 회사에 돈을 내는 것처럼 자신의 돈을 지키기 위해서는 전문가를 고용해야 한다. 부자는 세무서에서 과도하게 세금을 부과하지 않도록 세무사를 고용하고, 사기꾼에게 돈을 빼앗기지 않기 위해 변호사와 계약한다. 이처럼 부의 열차 승객은 '돈을 지키는 경비원'을 고용하여 재산을 철저히 지킨다.

재산을 지키기 위한 돈은 절대 아끼지 마라. 얼마 안 되는 돈을 아끼려다 도리어 큰돈을 잃는다. 보안을 소홀히 하는 것은 도둑이 득실거리는 거리를 경호원 없이 맨몸으로 활보하는 것과 다름없다.

가치가 폭락한 적 없는
금에 투자하라

✦   인도나 중국 사람은 결혼식에서도 금반지나 금목걸이를 주고받는 등 금을 아주 좋아한다. 이런 배경에는 다른 민족의 침략을 셀 수 없이 받은 대륙의 역사가 존재한다. 언제 국외로 추방당할지 모르는 생활을 오래해 온 유대인 상인들도 항상 다시 일어설 수 있을 만큼의 금화를 옷 안감에 꿰매 두었다고 한다.

금을 일정량 보유하는 것은 부자들의 상식이다. 그것은 금이 어떤 불의의 사태가 일어나도 재산을 확보할 수 있는 보험 기능을 하기 때문이다. 사실 우리가 사용하는 지폐나 동전의 가치는 매우 불안정하다. 과거에 몇 번이나 휴지조각으로 전락한 전적이 있다. 일본도

1946년에 실시한 '신일본은행권 전환'이라는 정책에 의해 기존 화폐의 가치가 거의 상실된 적이 있다. 또 2018년 베네수엘라에서 일어난 '하이퍼인플레이션'hyperinflation의 경우, 일설에 의하면 인플레율이 250만 퍼센트를 기록했다고 한다. 이것은 그전까지 1,000원이었던 빵이 2,500만 원으로 올랐다는 뜻이다. 장기간 착실히 저금해온 사람에게는 악몽 같은 일이었을 것이다.

이런 사태에 대비하여 부자는 재산의 일부를 금으로 바꿔 놓는다. 금은 인류 역사가 시작되고 5000년간 한 번도 가치가 폭락한 적이 없다. 유사 이래 인류가 채굴한 금을 모두 모아도 50미터 수영장 세 개를 채울 만큼밖에 안 된다고 한다. 금의 가치는 반짝임이 아니라 희소성에 있는 것이다.

다만 단점이 있다. 물건을 살 때는 쓰지 못하므로 필요에 따라 현금으로 바꿔야 한다. 또 부동산처럼 매매로 이익을 얻기는 어렵고 임대료 같은 정기 수입이 들어오는 것도 아니라서 자산이 불어나지 않는다. 즉, 자산을 늘리고자 하는 사람은 선뜻 손대기 어렵다.

인공위성을 로켓으로 쏘아 올릴 때 가장 중요한 것은 속도다. 이 속도를 '제1 우주 속도'라고 부르며 초속 7.9킬로미터나 된다. 이 수치에 1퍼센트라도 못 미치면 인공위성은 지구의 중력에 이끌려 낙하한다. 하지만 이 속도에 도달한 인공위성은 지구의 중력과 정확히 균형을 이뤄 떨어지지 않는다. 우주 공간에는 공기 저항이 없기 때문에 추가적인 에너지 없이 지구 주위를 돌 수 있다. 인공위성은 지표면을 따라서 계속 낙하하지만 낙하 속도와 지구의 중력이 균형을 이루기 때문에 떨어지지 않고 날 수 있다.

자산 10억 원 계획을 세우고 실행하라

이와 비슷하게 자산이 10억 원 이상이면 버는 힘(속도)과 쓰는 힘(중력)이 균형을 이룬다. 즉, 인공위성이 시속 2만 8,000킬로미터로 나는 것처럼 아무것도 하지 않아도 자산이 점점 늘어난다.

왜 자산이 10억 원을 초과하면 가속적으로 돈이 늘어날까? 간단히 말하면 이자가 늘어나기 때문이다. 가령 연이율 5퍼센트인 상품에 10억 원을 투자하면 매년 5,000만 원이 들어온다. 즉, 매달 400만 원을 자유롭게 쓸 수 있다. 경제가 발전하고 있는 동남아시아 국가에 투자하면 연 20퍼센트의 수익을 올릴 수도 있다. 어느 쪽이든 생활하기에 충분한 금액이지 않은가? 심지어 원금인 10억 원은 그대로다. 이처럼 '돈이 돈을 낳는' 최저 금액, 그것이 10억 원이다. 10억 원은 부의 증명서이자 지구의 중력을 충분히 뿌리칠 수 있는 출발 속도를 부여하는 금액이라고 할 수 있다.

The Road To The Rich

제7장

건강은 돈으로
살 수 없다

건강, 가족, 친구를 잃지 않는 법

건강을 잃으면
모든 것을 잃는다

◆　　　　　　　　　애플의 창업자 스티브 잡스가 남긴 말 중
에 인상 깊었던 것은 "건강을 잃으면 모든 것을 잃는다."라는 말이었
다. 그는 세계 최초로 시가총액 1,200조 원을 기록한 세계에서 가장
가치 있는 회사를 설립한 인물이지만 건강을 해쳐 젊은 나이에 세상
을 떠났다. 아무리 돈이 많아도 자기 대신 죽을 사람은 구할 수 없다.

부의 열차를 타는 데 성공해도 건강을 잃으면 하차할 수밖에 없
다. 이것을 알기에 부자는 건강에 지대한 관심을 가진다.

전 세계 헬스케어 관련 스타트업 기업이 조달한 자금은 2018년
한 해만 해도 28조 원이었다. 이는 2017년보다 60퍼센트나 증가한

수치로, 매달 3조 원 이상의 자금이 유입되는 셈이다. 세계적으로 의료나 헬스케어에 대한 투자가 증가하고 있다는 것은 부자들이 건강을 무엇보다도 중요하게 여긴다는 증거다. 한편 돈이 없어서 건강을 뒷전으로 미루고서라도 일해야 하는 사람도 있을 것이다. 나도 정신없이 일만 하던 시절이 있었다. 하지만 지나치게 무리하면 부의 열차를 타기도 전에 몸이 망가질지도 모른다.

2011년에 세상을 떠난 스티브 잡스의 유산은 약 8조 3,000억 원이라고 한다. 만일 당신이 건강하다면 스티브 잡스가 남긴 8조가 넘는 유산보다 가치 있는 것을 이미 가지고 있는 셈이다.

인생에는 세 가지 길이 있다. 오르막길, 내리막길 그리고 벼랑길이다. 건강에 유의하지 않으면 그대로 벼랑에서 떨어진다. 자신의 몸은 무엇과도 바꿀 수 없는 소중한 자산이라는 것을 명심하고 건강의 가치를 되새기길 바란다.

항상 최적의 환경을 조성하라

부의 열차 승객은 항상 최적의 환경을 조성하여 그 안에서 생활함으로써 최고의 성과를 낸다. 건강하게 살기 위해서는 다음 네 가지 요소가 균형을 이뤄야 한다.

1. 식사 : 평일 밤에 회식이나 술자리가 많아 육류를 많이 먹는다. 아침이나 점심에는 되도록 채소나 과일을 많이 먹으려고 한다.

2. 휴식 : 아무리 바빠도 하루에 여덟 시간은 잔다. 호텔비도 아끼지 않는다. 수면의 질을 높이는 것은 일의 성과를 높이기 위한 투자다.

3. 운동 : 항상 차로 이동하기 때문에 주말에는 골프를 쳐서 정기적으로 몸을 움직인다. 조깅은 활성 산소가 발생하기 때문에 피한다.

4. 커뮤니케이션 : 다양한 사람과 대화를 나누며 먹고 마시는 것을 좋아한다. 대화는 건강에 아주 좋은 영향을 미친다.

아무리 성능 좋은 컴퓨터라도 기본 소프트웨어 없이는 작동하지 않는다. 이와 마찬가지로 아무리 우수한 사람이라도 건강이라는 기본 소프트웨어에 결함이 있으면 재능을 발휘할 수 없다.

100세까지
장수하는 법

✦   조몬 시대(기원전 13000년경부터 기원전
300년경까지 존재한 일본의 선사 시대—옮긴이)에 일본인의 평균 수명
은 몇 세였을까? 교토대 교수 고바야시 가즈마사小林知正의 연구에 따
르면 조몬인의 평균 수명은 30세 전후였다고 한다. 또 오다 노부나
가織田信長가 좋아했던 〈아쓰모리〉敦盛라는 고와카마이幸若舞(무사에 관
한 노래를 부르며 춤을 추는 일본 전통 무대 예술—옮긴이)에는 '인간 50년'
이라는 노랫말이 나온다. 실제로 메이지 시대에서 다이쇼 시대까지
일본인의 평균 수명은 50세 정도였다.

그런데 1945년 제2차 세계대전이 끝난 후부터 평균 수명은 경이

적으로 늘어나기 시작했다. 1950년대에 60세, 1970년대에는 70세를 기록했고, 2010년대에는 남녀 모두 평균 수명 80세를 돌파했다. 그리고 2045년에는 100세를 돌파할 것으로 예측되고 있다.

평균 수명의 증가를 생각하면 인생의 종착역에 도달할 때까지 부의 열차에 머물기 위해서는 건강을 위협하는 것을 반드시 배제해야 한다. 특히 흡연, 비만, 스트레스라는 '3대 건강 위협 요소'를 피해야 한다.

담배는 일본인의 사망 원인 1위부터 4위에 해당하는 암, 심장병, 폐렴, 뇌졸중의 발생률을 높인다는 것이 의학적으로 증명됐다. 비만은 당뇨병의 원인이 된다. 통풍, 췌장염, 각종 암도 유발하기 때문에 나도 경계하고 있다. 지나친 비만은 백해무익이다. 스트레스는 두통이나 어지럼증, 천식, 심장병, 위통, 설사 등 육체적인 질병뿐만 아니라 우울증 등의 정신적인 질병도 유발한다.

실업가로 유명한 호리에 다카후미堀江貴文는 100세 시대를 살아가기 위해 다음과 같은 건강 위협 요소를 배제하는 방법을 제안했다.

- 파일로리균을 퇴치한다.
- 자궁경부암 백신을 맞는다.
- 치주 질환을 예방한다.

이렇게 위험 요소를 1퍼센트씩 줄이는 것은 상당히 합리적인 방법이라고 생각한다.

생명을 위협하는 요소를
1퍼센트씩 배제한다

NHK 방송문화연구소에 의하면 일본인의 수면 시간은 1960년에 8시간 13분이었는데 2010년에는 7시간 14분으로 단축되었다고 한다. 50년 동안 수면 시간이 한 시간이나 줄어든 것이다.

우리는 인생의 3분의 1을 이불 속에서 보낸다. 그런데도 수면 환경에 무심한 사람이 많다. 5만 원짜리 이불과 50만 원짜리 이불이 있다면 어느 쪽을 사겠는가? 50만 원이라고 대답했다면 정답이다. 그렇다면 50만 원짜리 침대와 500만 원짜리 침대 중에서는 어느 쪽을 사겠는가? 가격대가 높으면 조금 주저하기 마련이다. 그래도 나는 무조건 비싼 쪽을 고른다. 부의 열차 승객은 일의 효율을 높이기 위해 수면에 신경을 쓴다. 이불과 침대뿐만 아니라 베개, 시트, 잠옷, 음악, 향기, 온도, 습도까지 신경 쓸 것이 한두 가지가 아니다.

백화점 침구 코너에 직접 가보는 것이 좋다. 저반발, 고반발 이불이라든가, 허리에 좋은 매트리스 등을 판다. 그리고 인터넷에 숙면 용품을 검색하면 목과 어깨 결림을 방지하는 지압 베개, 코골이 방지 용품, 수면무호흡증 완화 장치, 눈 피로 회복용 아이마스크, 귀마개 등 온갖 물건이 나온다.

부의 열차 승객이 수면을 중시하는 이유는 하나 더 있다. 잠을 잘 때 뇌를 어떻게 활용하느냐에 따라 인생이 달라지기 때문이다.

회사원 시절 나는 잠재의식을 철저하게 이용했다. 목표 달성에는 깨어 있을 때의 의식이 10퍼센트, 잠재의식이 90퍼센트 영향을 미친다고 한다. 그래서 매일 밤 '일등 영업 사원이 된다, 매달 해외여행을 간다, 로버트 기요사키와 함께 사업을 한다'라고 적은 메모를 보면서 잠들었다. 실현하고 싶은 꿈을 뇌에 새기면 잠재의식이 알아서 그것을 달성해준다. 내 꿈은 그렇게 해서 점차 이루어졌다.

시간 자산을 빼앗는
불규칙한 생활 습관을 고쳐라

✦ 　　　　　당신은 예금 통장을 하나 가지고 있다. 그 통장에는 매일 아침 8만 6,400달러가 입금된다. 하지만 다 쓰지 않아도 밤이 되면 잔고가 0이 된다. 이 이상한 통장에 들어 있는 것은 바로 '시간'이다.

하루가 시작될 때 당신에게는 24시간, 즉 8만 6,400초가 주어지고 하루가 끝나면 시간은 모두 사라진다. 시간은 저축할 수 없는 재산이다. 이 귀중한 시간을 앗아가는 것이 질병·부상·사고다.

질병·부상·사고는 인생에서 피할 수 없는 리스크다. 그렇지만 자기 자신의 부주의가 이런 사태를 부르는 경우도 많지 않을까? 병에 걸릴 만한 불규칙적인 생활을 하다가 몸 상태가 나빠졌다면 그것은 불운이 아니라 자기 책임이다.

질병·부상·사고로 잃는 것은 돈과 신용만이 아니다. 다양한 활동을 할 수 있는 소중한 시간도 잃는다. 시간은 아무리 후회해도, 돈을 많이 모아도 돌려받을 수 없는 자원이다. 부의 열차에 타려면 돈을 모아야 하는 시기와 불려야 하는 시기가 있다. 질병·부상·사고로 인해 시간을 빼앗기면 열차에 오를 기회를 영영 잃을 수도 있다.

시간을 잃는 것은
돈을 잃는 것이다

경영자는 감기에 한 번 걸릴 때마다 1,000만 원을 손해 본다. 가령 연 매출이 10억 원인 회사 사장이 일주일간 앓아눕는다고 해보자. 이 회사의 매출은 하루에 대략 300만 원이므로 일주일이면 2,100만 원의 손해가 발생한다는 계산이 나온다. 연 매출이 100억 원이면 2억 1,000만 원을 잃는 것이다. 물론 사장 혼자서 모든 매출을 만들어내는 것은 아니지만 회사 내에서 가장 큰 영향력을 지닌 것은 사실이다.

누구나 자신이라는 회사의 경영자다. 시간은 곧 돈이라는 긴장감을 가지고 건강을 관리해야 한다.

아이에게 돈에 대한
교육을 해라

✦   미국에서는 아이들이 레모네이드를 파는 '레모네이드 스탠드'가 여름의 상징이다. 아이들은 직접 만든 간이 판매대에서 직접 만든 레모네이드를 팔아 경제활동을 체험한다. 레모네이드는 레몬과 물, 설탕만으로 손쉽게 만들 수 있기 때문에 처음 돈을 벌기에 안성맞춤이다. 이처럼 미국에서는 타인에게 도움이 되는 일을 하면 돈이 들어온다는 '돈의 대원칙'을 어릴 때부터 가르친다.

일본에서는 아이들에게 돈 버는 방법을 제대로 가르치지 않는다. 가르치기는커녕 오히려 모르게 하려고 한다. 만약 일본 길거리에서 아이들이 주먹밥을 만들어 판다면 가정과 학교가 발칵 뒤집힐 정도로 큰 문제가 될 것이다.

아이에게 돈의 대원칙을 가르쳐라

아이의 행복을 생각한다면 유산으로 돈을 남기기보다 '돈에 대한 교육'을 하는 편이 좋다. 아이들은 언젠가 반드시 자기 손으로 인생을 개척해야 하기 때문이다.

돈에 대한 교육을 할 때 중요한 것은 다음 두 가지다.

1. 어떻게 해야 돈을 벌 수 있는가?

'타인에게 도움이 되는 일을 하면 돈을 벌 수 있다'는 돈의 대원칙을 이해시켜야 한다. 어깨 주무르기나 욕실 청소, 바자회 돕기 등을 통해 돈벌이를 직접 체험하게 하는 것이다. 이 경험은 아이들에게 평생 가는 재산이 된다.

2. 돈은 순환한다.

'돈은 세상을 돌고 돈다'는 것을 가르쳐야 한다. 돈의 순환을 이해함으로써 '돈을 쓰면 언젠가 반드시 돌아온다'는 감각을 익힐 수 있다.

나는 중학생이 된 내 아이들에게 부동산 투자를 경험하게 할 생각이다. 인감도장을 만들어 함께 단독 주택을 구입하고 확정 신고도 할 예정이다. 직접 부동산 투자를 해서 돈이 어떻게 순환하는지 알게 함으로써 앞으로의 인생을 진지하게 생각해보는 계기를 만들어 주기 위해서다.

온화한 얼굴과
다정한 말로 행복을 나눠라

✦　　　　　　　도쿄 시부야에 '갈라파고스'라는 이름의
마작 가게가 있다. 손님의 연령대는 평균 70세 이상으로, 회원이
1,500명이나 된다. 일반적인 마작 가게에서 당연시되는 밤샘, 흡연,
음주를 일절 금지하고 매일 자정에 영업을 종료한다.

　이 마작 가게는 직원을 채용할 때 할아버지, 할머니와 한집에서
살아본 젊은이만 뽑는다. 왜 이런 채용 기준이 있느냐 하면, 2세대
가정에서 자란 아이는 평소에 고령자를 접할 일이 적어서 노인의 손
에 있는 검버섯이나 주름을 보면 본능적으로 거부감을 느끼며, 그것
이 손님에게도 전해진다고 한다.

어느 대기업에서는 부모에게 효도하지 않는 지원자를 면접에서 떨어뜨린다고 한다. 면접을 볼 때 지원자의 본심을 끌어내는 질문이 하나 있다.

"최근에 성묘하러 간 적이 있습니까?"

이 질문을 던지면 대부분 거짓말을 하지 못한다. "부모님께 효도를 합니까?"라고 물으면 모두 그렇다고 대답하지만 갑자기 이런 질문을 받으면 말문이 막힌다.

왜 부모에게 효도하는 사람을 채용하느냐 하면, 부모나 조상을 소중히 여기지 않는 사람은 윗사람을 공경하는 마음이 부족해서 상사나 사장, 거래처 사람과 마찰을 일으키고 회사를 그만둘 가능성이 높기 때문이다. 이 채용 기준에는 예외가 없다고 한다.

웃는 얼굴은 부의 열차
프리 패스다

불교의 《대무량수경》無量壽經이라는 경전에 '화안애어'和顏愛語라는 말이 나온다. 온화한 얼굴과 다정한 말투로 사람을 대하라는 가르침이다. 또 《잡보장경》雜寶藏經이라는 경전에는 '무재칠시'無材七施라는 말이 나온다. 돈이나 재물이 없는 사람이라도 '웃는 얼굴'과 '살가운 말' 등 일곱 가지 방법으로 주위 사람을 행복하게 할 수 있다는 뜻이다.

태어난 지 얼마 안 된 아기도 웃는 얼굴로 부모에게 힘을 준다. 직원이 생글생글 웃고 있는 가게와 인상을 찌푸리고 있는 가게가 있다면 어느 가게에 들어가고 싶은가? 말할 것도 없이 웃고 있는 쪽일 것이다. 직원의 태도는 가게의 매출로 직결된다. 다시 말해 돈은 '웃는 사람'을 좋아한다. '짜증만 내는 사람'에게서는 도망친다. 그래서 나는 회사에서 직원들을 혼내지 않는다. 심각한 실수를 하거나 최악의 보고를 해도 웃는 얼굴로 듣는다. 그러면 직원들도 나쁜 정보를 지체 없이 전해주고, 위축되지 않고 활약해서 실수를 만회한다.

내가 느낀 바로는 기뻐서 웃음이 나오는 게 아니라 웃어서 기쁜 일이 생기는 것 같다.

The Road To The Rich

제8장

성공은 시간 관리에서
시작된다

효율적으로 시간을 사용하는 법

부자는
줄을 서지 않는다

✦   음식점 앞에 긴 줄이 생기는 것은 '싸고
맛있는 집'이기 때문이다. 비싸고 맛있는 집에는 대체로 줄이 생기
지 않는다. 그렇다면 처음부터 비싸고 맛있는 집으로 가는 편이 시
간적으로 훨씬 이득이다. 부자는 시간의 가치가 얼마나 높은지 알기
때문에 줄을 서지 않는다.

사람들은 대부분 어떤 영화가 재미있다거나, 어떤 소설이 감동적
이라거나, 어떤 음식점이 맛집이라는 이야기를 듣고 나서 움직인다.
그러나 부의 열차를 탄 사람들은 그 영화가 히트하기 전에, 그 소설
이 베스트셀러가 되기 전에, 그 음식점에 사람이 몰리기 전에 미리

알고 다녀온다. 부자는 정보에 민감해서 독자적인 정보망을 가지고 있기 때문이다. 정보는 사업의 성공과 실패를 가르는 아주 중요한 요소다. 모두가 줄 서는 투자에 뒤늦게 뛰어들어봤자 손해만 볼 뿐이다. 기회는 아무도 손대지 않은 새로운 것에서 찾아야 한다. 결국 줄을 서는 것은 자신이 정보에 둔감하고 독자적인 정보망을 가지고 있지 않으며 사업이나 투자에 대한 감각도 부족하다는 것을 주위에 알리는 것이나 다름없다.

최근에 가장 비효율적이라고 생각한 것은 꽁치 축제였다. 이 축제에 가면 꽁치를 무료로 나눠주는데, 매년 수많은 사람이 대여섯 시간이나 줄을 선다. 꽁치는 슈퍼에서 사면 1,000원, 선술집에서 먹어도 5,000원 정도다. 줄을 서는 사람의 시급이 1만 원이라면 꽁치를 공짜로 먹기 위해 5~6만 원을 낭비하는 셈이다.

도구에 지나치게
시간을 할애하지 마라

2015년 NHK에서 실시한 조사에 따르면 일본의 20대가 TV를 시청하는 시간은 하루 평균 2.5시간이라고 한다. 또 인터넷 사용 시간은 하루 평균 3.5시간으로 나타났다. 둘을 합치면 하루에 여섯 시간이나 TV 또는 인터넷을 보는 셈이다. 이 시간은 완전히 수동적으로 정보를 받아들이는 시간이다. 아무런 가치를 창출하지 못하는 '공백의 시간'이라고 할 수 있다.

영어권에서 TV는 'idiot box', 즉 바보상자라고 불린다. 최근에는 노인들이 매일 TV만 보고 머리와 몸을 움직이지 않아서 치매에 걸리는 것이 사회 문제로 대두되고 있다.

TV에도 뉴스나 대담 등 유익한 프로그램도 있다. 그러나 영상과 음성이 일방적으로 송출되는 TV는 시청자가 스스로 정보를 선택할 수 없다. 자기 전에 TV나 문자 메시지를 보는 것은 정신 건강에도 악영향을 끼친다. 뉴스의 90퍼센트는 부정적인 내용이고 문자 메시지는 일이나 인간관계에 관한 고민이 대부분이다. 자기 전에 이런 정보를 접하면 꿈을 실현하는 잠재의식에 브레이크가 걸린다. 잠재의식에 부정적인 감정이 새겨지면 기쁨, 즐거움 같은 플러스 감정보다 슬픔, 괴로움, 분노 같은 마이너스 감정이 앞서게 된다.

나는 TV를 보는 대신 책을 읽는다. 책은 읽고 싶은 것을 원하는 시간에 읽을 수 있다. 책을 읽는 시간은 투자고 TV를 보는 시간은 낭비다. 결국 TV나 인터넷은 도구에 불과하다. 도구를 주체적으로 사용하느냐, 반대로 휘둘리느냐는 당신의 의지에 달렸다.

'시간은 금이다'의
숨은 의미

✦　　　　　　　　당신은 시간을 파는 사람인가? 아니면 사는 사람인가? 세상은 99퍼센트의 '시간을 파는 사람'과 1퍼센트의 '시간을 사는 사람'으로 이루어져 있다. 부의 열차 승객은 모두 예외 없이 '시간을 사는 사람'이다.

진짜 부자는 회사에 출근할 필요가 없다. 통근 시간이 보통 한 시간이라고 하면 하루에 왕복 두 시간이고, 연간 출근 일수가 250일 정도라고 하면 1년에 500시간이 남는다. 30년간 출퇴근하는 회사원과 비교해서 1만 5,000시간이나 더 자기 시간을 가질 수 있다는 뜻이다. 부자는 보통 사람의 몇 배나 되는 인생을 산다.

미국 건국의 아버지 벤저민 프랭클린이 남긴 유명한 말이 있다. 바로 "시간은 금이다."Time is money라는 말이다. 그런데 많은 사람이 이 말을 잘못 이해하고 있는 것 같다.

'시간은 돈이다. 그러니까 자신의 시간을 전부 일에 쏟아 시간을 돈으로 바꿔야 한다.'

이런 뜻으로 받아들이는 것이다. 그래서 자신이 좋아하는 것을 포기하고 가족이나 친구와 보내는 시간을 미루고 일에만 몰두한다. 하지만 그런 발상으로는 결코 부자가 될 수 없다. 고독하고 불행한 인생이라는 종착역으로 직행하게 될 뿐이다.

부의 열차 승객들은 취미에 몰두하는 시간이나 가족, 동료, 친구와 함께 보내는 시간을 아까워하지 않는다. 벤저민 프랭클린이 말한 '시간은 금이다'의 숨은 의미는 시간을 유익한 일에 쓰라는 뜻이다. 결코 악착같이 일하라는 뜻이 아니다.

지각하는 사람은
부의 열차에 탈 수 없다

일본 기업은 쓸데없는 회의를 세계에서 가장 많이 하는 것으로 알려졌다. 2018년에 실시한 조사에 따르면, 종업원 1,500명 이상 기업에서 발생하는 불필요한 회의로 인한 손실은 매년 30억 원 가까이 되는 것으로 나타났다. 일본의 생산성이 선진 7개국 중 최하위이고, 미국보다 35퍼센트나 낮은 것도 회의에 원인이 있다고 생각한다.

부의 열차는 언제든지 탈 수 있지만 시간을 지키지 않는 사람이나 시간관념이 허술한 사람은 열차에서 쫓겨난다. 부자에게 시간은 목숨 그 자체로, 돈보다도 귀중한 것이기 때문이다. 10명이 참가하는 회의에 10분 늦으면 도합 100분의 시간을 빼앗게 된다. 50명이 참가하는 시찰 투어에 늦어 버스 출발이 10분 지연되면 500분의 시간을 빼앗은 것이나 다름없다.

시간에 관해서는 과거에 사는 사람을 피하는 것도 중요하다. "왕년에는 나도 이렇게 큰돈을 굴렸는데…." 따위의 옛날 이야기만 하는 사람은 과거에 사는 사람이다. 이들은 과거의 영광이 계속 통용된다고 믿는다.

부의 열차에 탈 수 있는 것은 현재를 살아가는 사람뿐이다. 지인 중에 예전에는 전용 제트기를 탔지만 지금은 몇 푼 안 되는 택시비도 아까워하게 된 사람이 있다. 한때 부의 열차에 탔었다는 과거의 영광은 아무 의미도 없다. 당신은 '10년 전 일을 말하는 사람'과 '10년 후의 일을 말하는 사람' 중 어느 쪽과 함께 일하고 싶은가?

부자의 하루는
48시간이다

✦　　　　　　　'세계를 여행하는 10억 브로커'라는 수식
어를 가진 가와시마 가즈마사川島和正의 1인당 1,000만 원에 달하는
부자 세미나에 참가하면 가장 먼저 이런 말을 듣게 된다고 한다.

"이 세미나를 들으려면 지금 하는 일을 100퍼센트 다른 사람에게
맡기고 오세요. 그 정도 각오가 되어 있지 않으면 이 세미나에 참가
할 수 없습니다."

깜짝 놀랄 만한 말이지만 나는 이 말이 지극히 타당하다고 생각
한다. 하루 24시간이라는 제한된 시간 속에서 무언가 새로운 것을
시작하려면 타인의 시간을 빌려 자신의 시간을 늘리는 방법을 찾아

야 하기 때문이다.

인간에게는 하루 24시간이 주어진다. 이것은 누구나 똑같다. 하지만 부자는 많은 사람에게 시간을 빌려서 하루를 48시간, 96시간으로 늘릴 수 있다. 세상에는 돈을 받고 자신의 시간을 빌려주려는 사람이 수없이 많다. 회사원인 경우 '월급', 전문가인 경우 '서비스비'라는 명목으로 말이다. 정당한 대가를 지급하고 마음껏 빌려라. 그러면 당신은 그 이상의 가치를 창출해낼 수 있다.

부자는 무슨 일이든 혼자만의 힘으로 하려고 하지 않는다. 그렇게 하면 시간이 아무리 많아도 부족하기 때문이다. 예를 들어 달에 가는 로켓을 만드는 경우, 혼자서는 1000년이 지나도 만들 수 없지만 1,000명이 있으면 1년 만에 만들 수 있다.

부자가 회사를 많이 설립하는 것도 효율적으로 타인의 시간을 빌리기 위해서다. 회사를 설립하면 수많은 사람이 매일 당신의 사업에 시간을 빌려준다. 그렇게 얻어 낸 시간을 이용해서 부자는 끊임없이 새로운 아이디어를 실현한다. 즉, 회사는 시간을 빌리기 위한 '시간은행'이라고 할 수 있다.

시간에 가격이 매겨져 있다는 사실을 아는가? 자동차를 렌트하면 하루에 7만 원 정도가 든다. 시간당 3,000원이라는 가격에 렌터카라는 이동 수단을 구매하는 것이다. 부자가 되려면 반드시 돈으로 시간을 사야 한다.

신문을 구독하면 전단지가 딸려 온다. 혹시 슈퍼마켓 세일 전단지를 한 시간씩 읽고 있지는 않은가? 10원이라도 싸게 사는 데 집착하는 사람은 돈을 지키는 것밖에 하지 못한다. 방어만 하는 사람은 평생 부의 열차에 탈 수 없다.

가능한 많은 사람의 시간을 빌려라

부의 열차 승객은 시간을 돈으로 살 수 있으면 망설이지 않고 산다. 이를테면 옷 세탁은 전부 세탁소에 맡긴다. 영어를 배울 때는 전문 가정교사를 고용하고, 방이 더러워지면 가사 대행 서비스를 이용한다. 간단한 청소는 로봇 청소기에게 맡기고 자동 조리기나 식기 세척기 등 시간을 단축해주는 가전제품도 십분 활용한다.

수입이 허락하는 범위 내에서 시간을 돈으로 사는 경험을 해보라. 분명 부의 열차를 타는 데 도움이 될 것이다. 건강도 일정 부분은 돈으로 유지할 수 있다. 우산이 없는데 비가 내리기 시작했다고 하자. 바로 옆에 택시가 서 있는데도 돈이 아까워서 역까지 비를 맞고 가는 것은 잘못된 선택이다. 감기에 걸려서 치료비로 택시비의 몇 배를 낼 수도 있다. 또 감기가 나을 때까지 누워 있어야 할지도 모른다. 나라면 주저 없이 택시를 달 것이다.

10마력으로
일하는 법

✦　　　　　　자전거의 *끄*는 힘은 몇 마력일까? 대략
0.2~0.3마력이라고 한다. 이는 다섯 명이 페달을 밟아야 겨우 말 한
마리와 같은 힘을 낼 수 있다는 뜻이다. 이에 반해 50cc 스쿠터는
5마력 전후, 750cc 대형 바이크는 75마력 전후라고 한다. 즉, 작은
스쿠터라고 해도 말 다섯 마리의 힘을 낼 수 있고 대형 바이크 정도
되면 말 75마리의 힘을 낼 수 있다.

　이처럼 도구를 사용하면 인간은 근력을 수십 배 높일 수 있다. 이
는 돈을 벌 때도 쓸 수 있다. 하루에 여덟 시간 일해서 10만 원을 벌
던 사람이 한 시간에 10만 원을 번다면 일곱 시간의 여유가 생긴다.

이렇게 얻은 시간은 새로운 가치를 만들어내는 데 쓸 수 있다. 부의 열차 승객은 창조적인 시간의 가치를 누구보다도 잘 안다.

열 배 노력하는 것보다
10분의 1로 일을 줄이는 것이 좋다

구체적인 예를 들어 살펴보자. 벼룩시장에서 물건을 파는 경우, 온종일 판매대에 앉아 있어도 매출액은 10만 원 안팎이다. 이번에는 인터넷 상점에서 물건을 판매한다고 해보자. 취급 가능한 상품과 고객의 범위가 훨씬 넓어지므로 매출액은 하루 100만 원이 된다. 게다가 배송 업무를 외주로 처리하면 인터넷 상점을 열 개 운영하는 것도 어렵지 않다. 매출은 점점 증가하여 하루 1,000만 원을 돌파한다. 최종적으로 안 쓰는 물건을 팔고 싶은 개인을 대상으로 물건을 사고파는 인터넷상의 공간을 제공한다면 어떻게 될까? 이 단계에 이르면 자기 시간을 거의 안 쓰고도 상장 기업을 탄생시킬 수 있다.

　일본 부자 순위 1위에 랭크된 적도 있는 긴자마루칸의 사장 사이토 히토리齋藤一人는 이렇게 말했다.

　"한 사람이 열 배로 일하는 것은 불가능하지만 어떤 일을 열 배 쉽게 히는 방법은 반드시 존재한다."

좋아서 하는 일이
최대의 가치를 낳는다

✦　　　　　　　　"양동이 안을 돌로 빈틈없이 채우려면 어떻

게 해야 할까?"

　스티븐 코비의 저서 《성공하는 사람들의 7가지 습관》에 나오는
질문이다. 이 질문의 답은 먼저 큰 돌을 넣고 그다음 작은 돌을 넣는
것이다. 이렇게 하면 돌을 최대한 많이 넣을 수 있다. 시간 관리도 이
와 비슷하다. 큰 돌은 '중요하고 시간이 오래 걸리는 일정', 작은 돌
은 '중요도가 낮고 단시간에 끝나는 일정'이다. 즉, 일정을 짤 때는
중요도가 높은 일정을 먼저 배치하고 그 사이사이에 중요도가 낮은

일정을 집어넣어야 한다.

조금 더 재미있게 일정을 관리하는 방법이 있다. 그것은 호好, 불호不好에 따라 시간을 배분하는 방법이다. 먼저 좋아하는 일을 일정에 집어넣고 시간도 길게 잡는다. 반대로 싫은 일은 그것을 잘하는 사람에게 맡긴다.

스케줄 노트가 좋아하는 일로만 채워져 있으면 의욕이 최고조가 된다. 나는 사람을 만나서 대화를 나누거나 부동산을 보러 다니는 것을 좋아하므로 이를 위한 시간을 우선적으로 확보한다. 반대로 회의나 사무 작업은 좋아하지 않으므로 아주 짧은 시간만 할애한다.

정말 좋아하는 일만 하고 사는 사람이 있다. 요코하마 브리키 장난감 박물관의 관장 기타하라 데루히사北原照久가 그 주인공이다. 그는 장난감을 좋아해서 장난감 수집에 엄청난 시간과 돈을 썼다. 그 결과 수집한 장난감이 수십억 원의 가치를 지니게 되어 어마어마한 재산가가 되었다. 그는 전국에 장난감 박물관을 설립했고, 방송 출연 및 강연 요청이 쇄도하여 바쁜 나날을 보내고 있다.

회사원이면 스케줄 노트를 자기가 좋아하는 일로만 채우기 어렵겠지만 조금씩 좋아하는 일의 비율을 늘리면 된다.

"받을 수 있는 돈의 액수는 만들어낸 가치와 일치한다."

이것이 돈의 원리 원칙이다. 예를 들면 어떤 일이 시급 1만 원일 때, 여덟 시간 일하면 8만 원을 받을 수 있다. 서민들은 대부분 이 같은 '싱글 태스킹'single tasking 방식으로 일한다.

한편 중산층은 조금 더 요령 있게 일한다. 동시에 여러 개의 일을 하는 것이다. 그만큼 일이 복잡해져서 머리를 써야 하지만 수입도 늘어난다. 예를 들어 시급 1만 원짜리 일 세 개를 동시에 하면 수입은 세 배가 된다. 여덟 시간 일하면 24만 원을 받을 수 있다. 이처럼 동시에 여러 개의 작업을 수행하는 방식을 '멀티태스킹'multitasking이라고 한다. 그런데 멀티태스킹에도 한계가 있다. 일단 아무리 우수한 사람이라도 동시에 열 가지, 스무 가지 일을 하기는 어렵다. 게다가 24시간 쉬지 않고 일하는 것도 불가능하다.

가치를 창출하는
사람이 되어라

부자는 또 다른 방식으로 일한다. 많은 사람에게 협력을 구한 뒤 자신은 판단만 내리는 것이다. 예를 들어 사업을 시작하느냐 마느냐 하는 상황이면 결정을 내리는 것이 부자의 일이다. 이 의사결정 하나로 수많은 사람이 움직이기 때문에 혼자 일할 때의 몇십 배의 가치가 탄생한다. 그렇게 해서 부자는 훨씬 많은 수입을 얻는다. 부의 열차에 타고 싶다면 싱글태스킹, 멀티태스킹을 졸업하고 의사결정만으로 가치를 창출하는 단계로 이행해야 한다.

결단의
기준을 정해라

✦　　　　　　　인기 게임 '드래곤 퀘스트'를 만든 주식회
사 스퀘어에닉스의 창업자 후쿠시마 야스히로福嶋康博는 이런 말을
남겼다.

> "나는 운에 맡기는 도박은 하지 않는다. 무언가를 할 때는 반드시 이
> 정도 손해까지는 괜찮다는 기준선을 정한다."

스퀘어에닉스를 창업하기 전, 그는 부동산 임대 정보지를 발행해
서 성공을 거뒀지만 실패한 사업도 있었다. '초밥 로봇을 사용한 테

이크아웃 초밥집'은 3억 원 이상의 손실을 내고 3개월 만에 철수했다.

보통은 어떻게든 다시 일으켜 세우려고 철수를 미루다가 더 큰 손해를 보는 경우가 많다. 그러나 후쿠시마 야스히로는 처음부터 '신규 사업의 손실은 3억 원까지'라는 판단 기준을 정해놓고 있었다. 그래서 적자 규모가 기준에 도달한 순간 신속하게 사업을 철수할 수 있었다. 이 결단 속도가 훗날 컴퓨터 게임 업계에서의 대성공으로 이어진 것이다.

결단을 내일로 미루지 마라

소프트뱅크의 손정의는 이렇게 말했다.

"사업의 성공은 확률 문제다."

즉, 여러 차례 도전할수록 성공 건수도 늘어난다는 뜻이다. 그렇게 하려면 지체 없이 과감하게 결단을 내려야만 한다. 그러나 사람들은 대부분 결단하기를 두려워한다. 그 결과, 부의 열차에 탈 기회를 놓치고 서민 열차에서 생을 마감한다. '그때 결단을 내렸다면 어떻게 되었을까?' 하고 후회해도 인생은 변하지 않는다. 행동으로 옮겨야만 성공을 거둘 수 있다. 미루지 말고 지금 당장 결단을 내리면 기회가 늘어난다. 그것이 성공 확률을 높이는 유일한 방법이다.

인생에서 무언가에 도전할 때는 꼭 결단의 기준을 정해두길 바란다. 언젠가 분명히 도움이 될 것이다.

제9장

잘하는 일로
돈을 벌어라

재능을 갈고닦는 법

재능의 방정식을
푸는 법

✦　　　　　　　재능에는 방정식이 있다.

　　큰돈을 쓴 것 × 남에게 칭찬받은 것 = 재능

　어떤 일에 큰돈을 썼다는 것은 당신이 그만큼 좋아한다는 뜻이다.
그리고 남에게 칭찬을 받았다는 것은 그것으로 상대방을 기쁘게 했
다는 뜻이다. 즉, 이 두 가지를 모두 충족하는 대상에 당신의 재능이
숨어 있다.

　메트라이프생명에서 영업 실적으로 13년 연속 전국 1위를 차지

한 쓰지모리 에이이치라는 사람이 있는데, 그가 재능을 살리는 방법에 대해 이야기한 적이 있다. 그의 팀원 중에 술을 너무 좋아해 지각이 잦고 고객에게도 폐를 끼치는 사람이 있었다고 한다. 누가 보아도 불성실한 팀원에게 쓰지모리는 의외의 조언을 했다.

"자네에겐 엄청난 재능이 있어. 술을 좋아하는 사람들을 모아서 행사를 개최하면 어떨까?"

실제로 그 팀원은 술을 좋아하는 고객을 모아 파티를 열었고 많은 사람들에게 좋은 반응을 얻었다. 더불어 보험 계약도 놀라울 정도로 많이 따내 실적으로 이어졌다. 그는 눈 깜짝할 사이에 연봉 1억 원을 달성했다. 이처럼 스스로 결점이라고 생각했던 것이 최대의 장점이 될 수도 있다.

결점은 최대의 장점이
될 수 있다

나는 돈을 안 쓰는 사람과 칭찬받은 적이 없는 사람은 결국 '돈 버는 재능이 없는 사람'이라고 생각한다. 어디에도 열정을 불태우지 않는 사람은 부의 열차에 타기 어렵다. 왜냐하면 일에 얼마나 열정을 쏟고 노력하느냐에 따라 수입에 큰 차이가 생기기 때문이다.

하기 싫은 것을
먼저 적어라

✦   마케터인 간다 마사노리 神田昌典의《비상식
적 성공 법칙》에 실려 있는 재능 발견 방법을 소개한다. 자신이 무엇
을 하고 싶은지 잘 모르겠으면 일단 하기 싫은 것을 적어본다. 그리
고 완성된 목록을 찬찬히 살펴보면 진짜 하고 싶은 것이 보일 것이
다. 내가 회사원 시절에 작성한 '하기 싫은 것' 목록이다.

- 출퇴근 시간에 만원 전철을 타는 것
- 좁은 집에서 사는 것
- 수면 부족에 시달리는 것

- 싫어하는 사람과 함께 일하는 것
- 타인의 지시를 받는 것

목록이 완성되면 이제 그것을 하지 않는 방법을 생각한다. 만원 전철을 타지 않으려면 자동차로 출퇴근할 수 있는 곳에서 일해야 한다. 지방으로 이사 가면 싼값에 넓은 집에서 살 수 있다. 그리고 직접 회사를 차리면 업무 시작 시간을 스스로 정할 수 있으므로 수면 부족을 피할 수 있다. 같이 일할 사람도 고를 수 있고, 누군가의 지시를 받을 필요도 없다. 그리하여 '홋카이도에 가서 회사를 차리자!'라는 결론에 도달하게 된 것이다.

하기 싫은 것은
안 해도 된다

낙하산을 메지 않고 비행기에서 뛰어내리는 사람은 없다. 전직이나 창업을 할 때도 낙하산 같은 안전장치를 마련해놓지 않으면 과감하게 행동할 수 없다. 여기서 안전장치란 저축을 가리킨다. 2년 정도는 수입이 없어도 먹고살 수 있을 만한 돈을 준비해두는 것이 좋다. 또는 부동산 투자로 임대 수입 같은 정기 수입을 하나라도 확보해놓으면 안심하고 일에 매진할 수 있다.

특별한 재능은
일을 하며 발견된다

✦ iPS 세포(성체 세포에서 직접 제작할 수 있는
분화만능 줄기세포—옮긴이)를 발견하여 2012년 노벨 생리의학상을
수상한 야마나카 신야山中伸弥는 연수의 시절에 '야마나카'가 아니라
'자마나카'라고 불렸다(자마邪魔는 거치적거린다는 뜻—옮긴이). 그도
그럴 것이 정형외과의를 지망한다면서 다른 사람이 20분 만에 끝내
는 수술을 두 시간이 지나도 못 끝냈기 때문이다. 그런데 임상 분야
에서 연구 분야로 거취를 옮기자 노벨상을 받게 되었다. 이 일화를
보면 노벨상을 받을 정도로 능력 있는 사람도 자신의 재능을 알아차
리지 못하는 경우가 있다는 것을 알 수 있다.

나도 처음에는 군사학교인 고등공과학교에 진학했지만 도중에 그만두었다. 진로를 결정하지 못한 채 파친코 가게에서 일하는 등 꽤 오랫동안 시행착오를 반복했다.

아직 자신의 적성에 맞는 일이나 재능을 못 찾았어도 비관할 필요는 없다. 지금부터 시간을 들여 천천히 찾으면 된다. 적성에 맞는 일이나 재능을 찾는 방법은 먼저 눈앞의 일을 10년 동안 꾸준히 하는 것이다. 꼭 좋아하는 일이 아니어도 된다. 나도 일을 처음 시작했을 때는 내 일을 별로 좋아하지 않았다. 그러나 임대 중개 일을 열심히 한 결과, 실무 현장에서 나의 재능을 찾았다. 그것은 '부동산을 보는 눈'이다. 이 안목은 투자용으로 매입할 빌라나 아파트를 고르는 데 엄청난 위력을 발휘하고 있다.

이렇게 눈앞의 일을 열심히 하다 보면 그 일 어딘가에서 자신의 특기를 찾을 수 있다. 그것이 바로 당신의 재능이다.

자동차용품 판매점 옐로햇의 창업자 가기야마 히데사부로鍵山秀三郎는 매장 화장실의 변기를 50년째 손수 닦는다고 한다. 그가 자전거 행상으로 시작한 회사는 상장 기업이 되었고 그는 현재 NPO 법인 '일본을 아름답게 만드는 모임'(청소를 통해 배우는 모임)에서 고문을 맡고 있다. 화장실 청소도 50년 동안 꾸준히 하면 누구나 존경하는 경영자가 될 수 있다.

두 가지 재능을 곱하면
일류가 될 수 있다

도쿄 최초의 민간인 출신 교장 후지하라 가즈히로藤原和博는《먹고 사는데 걱정 없는 1% 평생 일할 수 있는 나를 찾아서》라는 책에서 이렇게 조언했다.

"도박 안 하기, 게임 안 하기, 한 달에 한 권 이상 책 읽기만으로 8분의 1의 희소가치를 지닌 인재가 될 수 있다. 노력하면 누구나 한 가지 분야에서 100분의 1이 될 수 있고, 또 다른 한 가지 분야에서 100분의 1이 되면 1만 명 중 한 명의 인재가 될 수 있다."

호리에 다카후미도《다동력》이라는 저서에서 이렇게 말했다.

"라이브도어 경영부터 교도소 생활, 맛집 정보 사이트 운영, 로켓 발사까지 수없이 많은 경험을 쌓았기 때문에 나와 동일한 경력과 생각을 가진 사람은 이 세상에 단 한 명도 존재하지 않는다. 경쟁자나 대체할 인재가 없으므로 여기저기서 나를 찾는다."

이것은 수입을 높이고 싶을 때 큰 도움이 되는 사고방식이다. 복수의 재능을 곱하면 1만 명 중 한 명, 100만 명 중 한 명밖에 없는 희소한 인재가 될 수 있다. 코미디언이자 아쿠타가와상 수상 작가인 마타요시 나오키又吉直樹가 좋은 예다. 만담 개그 콤비 '피스'로 데뷔한 그는 무명 시절부터 책을 즐겨 읽는 독서광이었다. 그가 인기 없는 개그맨을 주인공으로 한《불꽃_HIBANA》이라는 소설을 썼는데 작품성을 인정 받아 아쿠타가와상을 수상했고, 역대 수상작 중 최고의 판매를 올리며 베스트셀러 작가가 되었다.

나 역시 수익 부동산을 고르는 안목과 더불어 좋은 와인을 알아보는 능력, 대화를 이끄는 능력을 가지고 있다. 가령 부동산에 대한 안목은 1,000명 중 한 명, 와인에 대한 안목과 대화 능력은 100명 중 한 명이라고 해보자. '1,000×100×100' 해서 '1,000만 명 중 한 명'이라는 계산이 나온다. 이렇듯 각각의 능력은 그리 드문 것이 아니더라도 곱하면 희소한 존재가 될 수 있다.

재능의 곱셈은 사람과 사람 사이에도 응용할 수 있다. 야구에서 시속 160킬로미터 이상의 강속구를 던지는 강완 투수와 냉철한 포수가 배터리를 이루면 고시엔 출전도 가능한 것처럼 말이다.

비즈니스의 세계에도 혼다의 공동 창업자인 혼다 소이치로와 후지사와 다케오藤沢武夫, 소니의 공동 창업자인 이부카 마사루井深大와 모리타 아키오盛田昭夫, 지브리의 미야자키 하야오宮崎駿와 스즈키 도시오鈴木敏夫 등 셀 수 없이 많은 '명콤비'가 존재한다. 이처럼 사람과 사람을 곱하면 엄청나게 큰 성공을 거둘 수 있다.

단계적으로 수입을 높이는 '피벗 이론'

✦　　　　　　　　어떻게 내가 연봉 4,400만 원의 평범한 회사원에서 연 매출 385억 원을 올리는 경영자가 될 수 있었는지 그 비밀을 여기서 밝힌다. 바로 '피벗pivot 이론'을 응용했기 때문이다.

피벗이란 농구 용어로, 한쪽 발을 축으로 한 회전을 가리킨다. 농구 규칙상 공을 들고 세 발 이상 걸으면 안 되므로 선수는 세 걸음째 내디딘 발을 축으로 재빠르게 방향을 전환하여 패스한다. 여기서 착안하여 피벗 이론이라는 이름을 붙였다.

피벗 이론의 실천 방법은 다음과 같다. 우선 현재 하는 일을 피벗의 축으로 삼는다. 그리고 그 일과 비슷한 일을 하는 사람 중에서 자신보다 수입이 높은 사람을 찾는다. 조건에 부합하는 사람을 찾으면 그 사람을 참고하여 경험을 쌓고 기술을 익힌 뒤 그 일로 전직(방향 전환)한다. 전직에 성공하면 새 일을 피벗의 축으로 삼아 더 수입이 높은 일을 찾는다. 이것을 두세 번 반복하면 수입이 확연히 높아진다.

수입이 더 많은 일로
방향을 전환하라

나는 처음에 개인 대상 임대 아파트 중개를 하는 영업 사원이었다. 이 일이 최초의 피벗 축이었다. 주위를 둘러보니 사내에 '법인 대상 임대 아파트 중개'라는 직무가 있었다. 법인 상대는 개인 상대보다 더 많은 계약을 따낼 수 있었다. 그래서 나는 법인을 상대하는 요령을 익혀 그쪽으로 이동했다. 그렇게 첫 번째 피벗에 성공했다.

다음 피벗으로는 투자용 아파트 판매 영업을 선택했다. 여기서 단숨에 연봉 2억 원의 벽을 돌파했다. 세 번째 피벗으로 정한 것이 부동산 투자가였다. 그 결과 현재는 1,000채 이상의 부동산을 소유하게 되었다.

피벗 이론의 핵심은 지금 하는 일과 유사한 일을 공략하는 것이다. 분야가 너무 동떨어지면 지금까지 노력해서 손에 넣은 강점이나 경험을 살릴 수 없기 때문이다.

인생의 차원을 끌어올려 줄
멘토를 찾아라

✦　　　　　　　　인생이라는 길을 탄탄하게 걸어가기 위
해서는 길을 안내해주는 사람이 필요하다. 우리는 이를 '멘토'라고
부르기도 한다. 멘토란 당신을 가르치고 이끌어주는 인생의 스승을
말한다. 나이나 성별, 국적은 관계없다. 또한 멘토는 여러 명 있어도
상관없다. 부의 열차를 타는 데 멘토라는 존재는 상당히 중요하다.
나의 멘토는 로버트 기요사키, 조지 소로스 George Soros, 토니 노나카
トニ一野中, 혼다 켄 本田健 네 사람이다.

　세계적인 베스트셀러 작가인 혼다 켄은 2018년 5월 이스라엘을
여행하다 만났다. 예수 그리스도의 탄생지 베들레헴에서 출발하여

그가 십자가에 못 박힌 골고다 언덕, 죽음에서 부활한 올리브산 등을 순회하는 여행이었는데 나는 이 여행을 통해 '스승과의 만남에 의해 사람은 변할 수 있다'는 기독교의 가르침을 배웠다.

예수가 가장 아낀 제자 베드로는 원래 난폭한 어부였다. 그는 예수를 알게 된 이후로 이전 생활을 모두 청산했고 마침내 초대 교황이 되었다. 이처럼 제대로 된 멘토를 만나면 삶이 바뀌는 것을 넘어서 아예 다른 차원으로 올라갈 수 있다.

멘토를 찾아서
삶의 다른 차원으로 올라가라

나는 부동산에 관해서는 거의 다 배웠다. 지금은 주식의 멘토 조지 소로스에게 가르침을 받고 있다. 그가 알려주는 대로 하나부터 열까지 실천하고 있다. 멘토의 곁에서 함께 시간을 보내면 자연스럽게 자기가 바라던 모습으로 성장할 수 있다는 것을 실감하는 중이다.

꿈이 있다면 그 꿈을 이룬 사람이 개최하는 세미나에 참가해보자. 직접 찾아가서 만나면 책을 읽는 것보다 훨씬 더 많은 것을 배울 수 있다. 한 가지 유의할 점은, 멘토가 정말 성공한 사람이 맞는지 충분히 확인해야 한다는 것이다. 겉으로는 부자처럼 보이지만 알고 보면 빚더미에 앉아 있는 사람도 있기 때문이다.

긴자의 초밥집과
시골 초밥집의 차이

✦　　　　　　　긴자에 위치한 초밥집과 시골에 있는 초
밥집은 가격이 열 배 정도 차이가 난다. 이것은 제공하는 '가치'의 차
이에 따른 것이다. 그렇다면 그 가치는 정확히 어떤 것일까?

　우선 재료의 차이, 장인의 기술, 입지 조건 등을 들 수 있다. 긴자
에 있는 초밥집은 초밥에 쓰는 재료, 만드는 기술, 장소까지 모두 최
상급이라서 가격도 비싼 것이다. 그런데 정말 재료나 기술이 열 배
나 차이가 날까? 오히려 재료는 시골이 더 좋을 수도 있고, 긴자의
초밥 장인과 지방 초밥 장인의 기술 차이가 그렇게까지 큰가 하면
그렇지도 않다. 나는 권위와 부가가치, 희소성이 영향을 미친다고

생각한다.

먼저 권위에 대해 알아보자. 예를 들어 교토의 유명 사찰에 있는 스님의 말씀과 어느 시골의 이름 모를 사찰에 있는 스님의 말씀은 같은 내용이라도 듣는 쪽에서 느끼는 무게가 다르다. 당연히 시주하는 금액도 달라진다.

이어서 부가가치를 살펴보자. 부가가치는 제공하는 서비스의 보이지 않는 부분을 말한다. 긴자 초밥집의 부가가치는 종업원의 태도, 안락한 분위기, 위생 관리 등 눈에 보이지 않는 부분에서 나온다.

희소성은 특정한 곳에서만 맛보거나 손에 넣을 수 있는 제한에 의해 생겨난다. 긴자의 오래된 초밥집들이 지점을 잘 안 내는 것은 이런 이유에서다. 어디서든 먹을 수 있게 되면 희소성이라는 가치가 사라지기 때문이다.

자기 자신을 갈고닦아라

부자는 권위와 부가가치와 희소성을 잘 이용한다. 거기에 자신의 재능과 기술, 경험을 더하면 더 비싼 값에 팔린다. 보통 사람의 10배, 100배의 수입을 얻을 수도 있다. 단, 여기서 주의할 점은 '일류' 사이에 '이류'가 섞여 있으면 전체가 이류로 평가된다는 점이다. 나도 늘

그 점에 유의하여 인맥을 소개하거나 파티에 참석한다.

진정한 부자는 외면을 치장하는 데 큰돈을 들이지 않는다. 엄청난 대부호가 청바지에 티셔츠 차림으로 다니기도 한다. 부자는 대신 내면에 돈을 들인다. 일류 가부키 배우는 옷의 안감에 공을 들인다고 한다. 언뜻언뜻 보이는 곳에 공을 들이는 것이 그들의 멋이다. 진정한 부자는 외면을 꾸미는 데 흥미가 없다. 마음에 여유가 있고 자존감이 높아서 외견을 꾸밀 필요가 없기 때문이다. 집 또한 외부를 호화롭게 꾸미기보다는 내부를 신경 쓰는 편이 빈집털이의 표적이 되지 않고 안전하게 살 수 있다. 이는 인간의 본질과 정확히 일치한다.

다음은 내가 평소에 실천 중인 내면을 갈고닦는 방법이다.

- 독서를 통해 지식을 쌓는다.
- 친구와 한잔하며 정보를 수집한다.
- 존경하는 사람, 성공한 사람을 찾아가서 만난다.
- 세미나 및 강연회에 참가한다.
- 구두, 벨트, 지갑 등 눈에 띄지 않는 부분에 돈을 쓴다.
- 남을 기쁘게 하는 데 돈을 쓴다.

민들레는 열 배 깊게
뿌리를 내린다

✦　　　　대학 졸업 후 바로 입사한 신입사원이 퇴사하는 비율은 '입사 1년 차에 10퍼센트, 2년 차에 20퍼센트, 3년 차에 30퍼센트'라는 말이 있다. 2015년 일본 후생노동성에서 실시한 조사에서도 대졸 신입사원 중 3년 이내 퇴사자의 비율은 32퍼센트였다. 2017년 취업 사이트 '리쿠나비NEXT'에서 조사한 연령대별 이직 횟수를 살펴보자.

- 20대 … 이직 경험 없음 76%, 이직 1회 16%, 이직 2회 이상 8%
- 30대 … 이직 경험 없음 47%, 이직 1회 24%, 이직 2회 이상 29%

20대는 네 명 중 한 명, 30대는 두 명 중 한 명이 이직을 경험했다는 것을 알 수 있다. 최근에는 출생률 저하로 노동 시장에 수요가 많아져 이직이 활발해졌는지도 모른다.

땅속 깊이 재능의 뿌리를 내려라

나는 계획적인 이직, 전직에는 찬성한다. 앞서 설명한 '피벗 이론'으로 수입을 높이려면 전직이나 부서 이동이 불가피하기 때문이다. 그러나 아무런 계획이나 고민 없이 전혀 다른 직종으로 전직하는 건 반대한다. 예를 들어 보험 영업을 하다가 이듬해는 운송업, 그 이듬해는 음식점, 이런 식으로 일을 하면 당신의 재능은 발전하지 않는다. "복숭아와 밤은 3년, 감은 8년이 지나야 열매를 맺는다."라는 말이 있듯이 적어도 10년은 한 분야에서 일해야 튼실한 재능의 뿌리를 내릴 수 있다.

길가에 핀 민들레의 키는 겨우 10~15센티미터밖에 안 되지만 뿌리는 1미터 이상 뻗어 있다는 것을 아는가? 민들레는 자기 키의 열 배나 되는 뿌리를 내리고 있다. 잎이나 꽃을 꺾여도 뿌리 속에 저장된 양분으로 또다시 쑥쑥 자란다.

The Road To The Rich

제10장

어떤 사람과 함께
탈 것인가?

믿음과 신뢰를 쌓는 법

비밀 기지를 공유할
친구를 모아라

✦　　　　　　　교토의 어느 화과자점에서 있었던 일이다. 내가 진열장 안에 있는 화과자를 사려고 하자, 주인이 "다 팔렸어요."라고 말했다. 분명히 진열장 안에 있는데 팔지 않았다. 나중에 교토 사람에게 물어보니, 처음 온 손님보다 단골손님이 먼저라서 그렇다는 대답이 돌아왔다. 그 가게의 단골손님은 몇 대에 걸쳐 60년 이상 가게를 드나든 사람들이다. 한 번 오고 말 관광객에게 화과자를 전부 팔아버리면 나중에 단골손님이 왔을 때 곤란할 것이다.

부의 열차를 타려면 이렇게 눈앞의 이익이 아니라 미래의 이익을 내다보고 신뢰 관계를 구축해야 한다. 고객의 신뢰를 얻기 위해 나는 다음과 같은 '고객 퍼스트'를 실천하고 있다.

- 고객의 이익을 최우선한다.
- 고객의 기대치를 뛰어넘는 서비스를 제공한다.
- 고객이 난처한 상황에 처했을 때 먼저 손을 내민다.

부동산 투자를 예로 설명하자면, 자사의 이익만 생각해서 부동산을 파는 일은 절대 없다. 고객에게 이득이 되는 물건만 소개한다. 해당 지역의 임대 업자를 직접 찾아가 긴밀하게 정보를 교환하여 확실하게 입주자가 있을 것으로 판단되는 물건만 취급한다. 임대 업자도 입주 희망자가 많은 건물이 들어서는 것은 대환영이므로 고객과 임대 업자 모두에게 좋은 일이다. 이렇게 상대방에게 득이 되는 행동을 반복함으로써 신뢰 관계를 굳건하게 만들 수 있다.

신뢰는 쌓는 것보다 무너뜨리지 않는 것이 더 어렵다. 신뢰를 얻는 것은 10년, 잃는 것은 한순간이다. 오래 알고 지냈다는 이유로 예의 없게 행동하면 신뢰 관계는 아주 쉽게 무너진다. 이미 돈독한 사이라도 항상 새로운 마음으로 대하는 편이 좋다.

예전에 《주간 플레이보이》라는 잡지에 곤 도코라는 스님의 인생 상담 코너가 있었다. "어떻게 하면 친구가 생길까요?"라는 독자의 물음에 그는 이렇게 대답했다.

"자네가 먼저 누군가의 친구가 되어주게."

나도 내가 먼저 누군가의 친구가 되자는 생각으로 회사 1층에 라운지를 조성하여 '카페 & 바 키치'라고 이름 붙였다. 얼핏 보면 레스토랑 같은 외관이지만 이곳은 레스토랑이 아니다. 회사 직원과 고객, 친구들까지 자유롭게 모여서 각자의 꿈을 이야기하는 공간이다.

시간을 들여 사람들의 신뢰를 얻어라

당신에게 친구란 어떤 존재인가? 학창 시절 동급생? 같은 취미를 가진 사람들? 회사 동료라고 말하는 사람도 있을지 모른다. 내가 생각하는 친구는 '같은 뜻을 가지고 서로에게 꿈을 이야기할 수 있는 사람'이다. 그런 사람은 나이와 성별을 불문하고 모두 친구다. '키치'에 모이는 멤버는 나이도 직업도 제각각이지만 모두 소중한 친구들이다. 그래서 더 재미있는 아이디어가 나오고 예상 밖의 컬래버레이션이 이루어져 또 다른 멋진 친구들이 모여든다.

임사 체험을 한 사람들의 말에 따르면 죽을 때 머릿속을 스쳐가는 것은 집, 자동차, 돈, 보석 따위가 아니라 친구, 가족, 연인과 함께한 추억이었다고 한다. 역시 가장 소중한 것은 인간관계다.

세 명의 좋은 친구,
세 명의 나쁜 친구

✦　　　　　　　누구나 주위에 이런 사람이 한 명쯤 있을 것이다. 같이 있으면 터무니없는 사건 사고에 휘말리게 되는 친구 말이다. 오래된 친구나 마음이 잘 맞는 동료라고 해서 안심하면 안 된다. 이들은 자각 없이 위험한 제안을 한다. 아는 사람 중에 "맥주 한 잔 정도는 괜찮아."라는 꼬임에 넘어가 술을 마신 채로 운전대를 잡았다가 돌이킬 수 없는 사고를 낸 사람이 있다. 빨간불이라도 다 같이 건너면 무섭지 않다는 집단의식도 위험하다. "합법적인 약이 야. 다른 사람들도 다 하는 거야."라고 구슬려도 절대 손을 대면 안 된다. 실제로는 탈법 약물일 가능성도 있다.

부의 열차에 타려면 친구를 잘 골라 사귀어야 한다. 나는 잘 웃는 사람, 끈기 있는 사람, 미래지향적인 사람, 자신의 업계에서 1위인 사람을 친구로 두려고 한다. 그리고 반드시 '그 사람을 10년 뒤에도 계속 알고 지내고 싶은지' 생각해본다.

부의 열차 승객은 자신보다 수준 높은 사람, 자신을 격려해주는 사람과 집중적으로 어울리기 때문에 돈이 점점 늘어나고 삶도 더 행복해진다. 모든 사람과 두루 친하게 지내려고 하다 보면 인생의 목적지가 불분명해지고 타인의 꿈과 희망을 짓밟는 말에 휘둘리게 된다.

내가 피부로 느끼기에 플러스가 되는 사람, 그냥 그런 사람, 마이너스가 되는 사람의 비율은 2대 6대 2였다. 이는 '파레토 법칙'$_{Pareto}$ $_{rule}$을 떠올리게 한다.

나쁜 친구에게
시간, 건강, 돈을 빼앗기지 마라

인생에서 친구는 무엇과도 바꿀 수 없는 재산이다. 속마음을 털어놓을 수 있는 친구는 그것만으로 큰 가치가 있다. 성공한 경영자의 뒤에는 반드시 깊이 신뢰하는 친구가 존재한다.

중국 고사에 '익자삼우, 손자삼우'$_{益者三友, 損者三友}$라는 말이 나온다. 익자삼우란 정직한 친구, 성실한 친구, 박식한 친구를 말하고, 손자삼우란 부정직한 친구, 불성실한 친구, 말만 번드르르한 친구를 말한다. 이처럼 세상에는 좋은 친구도 있지만 당신을 나쁜 길로 이끄는 친구도 있다는 사실을 명심해야 한다.

당신의 꿈이
부의 열차를 달리게 한다

✦   인생에서 가장 단순하고 중요한 질문이

하나 있다.

"인간은 무엇을 위해 태어나는가?"

그 답 또한 아주 단순하고 중요하다.

"우리는 행복해지기 위해 태어난다."

한 사람의 꿈보다 두 사람의 꿈이 더 빨리 이루어진다. 그리고 두

사람보다는 네 사람, 네 사람보다는 여덟 사람의 꿈이 더 빨리 이루

어진다. 무거운 짐도 혼자보다는 둘이서 드는 것이 편하다. 학창 시

절 물리 시간에 배운 힘의 합성처럼 '꿈이 가진 힘(벡터)'을 합성하면

더 큰 힘이 된다.

부의 열차를 달리게 하는 것은 많은 승객이 품은 꿈의 힘이다. 꿈이 바로 원동력이다. 거기에 반대 방향으로 끌어당기는 힘이 가해지면 브레이크가 걸린다. 그러므로 열차에 탑승하는 모든 사람은 엄격한 자격 검증을 거친다. 자기만 좋으면 된다는 자기중심적인 사고를 가진 사람은 승차 거부를 당하거나 도중에 쫓겨난다.

부의 열차 승객의 정체는 사실 '같은 꿈을 가진 동료들'이다. 승객들은 부자 마인드를 가지고 돈의 원칙을 배워 사회에 공헌하려는 집합체다. 그런 집단이 늘어나서 전국을 넘어 전 세계로 뻗어나간다면 얼마나 멋진 세상이 될까. 분명 세상을 밝고 풍요롭고 행복하게 만들 것이다. 이 책을 쓰게 된 것도 그런 바람에서다.

많은 사람의 꿈이 결집하면 기적도 일으킬 수 있다. 오랫동안 많은 이들의 꿈이었던 하늘을 나는 자동차는 이제 상용화를 앞두고 있다. 도요타, 파나소닉이 출자하여 설립한 기업에서 2023년에 발매될 예정이라고 한다. 당신도 부디 큰 꿈을 가지고 부의 열차에 타서 꿈의 추진력으로 열차를 달리게 하길 바란다.

기차의 차체에 모하, 기하, 사하라는 글자가 표시되어 있다는 것을 아는가? '모'는 모터가 실린 차량이라는 뜻이다. '기'는 디젤 엔진을 실은 차량, '사'는 모터도 운전석도 없는 차량을 나타낸다. 또 '하'라는 글자는 차량의 등급으로 '보통 차량'이라는 것을 나타낸다.

그런 지식을 가지고 열차를 관찰하면 팬터그래프가 달린 동력차 '모하'는 대체로 세 량에 하나씩 배치되고 '기하'는 선두 차량뿐이라는 것을 알 수 있다. 즉, 보통 열차는 일부 차량이 구동하여 열차 전체를 움직인다.

한편 고속 열차는 모든 차량이 '모하'(동력차)인 전륜 구동 방식이다. 고속 열차가 시속 300킬로미터 이상의 속도를 낼 수 있는 것은 모든 차량이 추진력을 가지고 있기 때문이다. 보통 열차처럼 일부만 동력차면 속도가 나지 않는다. 디젤 기관차는 선두 차량 하나가 끌고 가는 방식이기 때문에 더 느리다.

추진력을 높여
꿈을 향해 돌진하라

부의 열차는 전륜 구동 방식이다. 고속 열차처럼 모든 차량이 동력차로서 구동하기 때문에 가속력도 최고 속도도 보통 열차와는 비교가 안 된다.

부의 열차는 마력馬力을 가진 몇 사람이 끌고 가는 방식이 아니다. 열차에 탄 모든 사람이 각자의 꿈을 에너지 삼아 나아간다. 한 사람의 힘에 의존하여 나아가는 방법은 얼핏 합리적으로 보이지만 속도가 느려서 먼 곳에 있는 목적지(꿈의 종착역)에 도달하지 못한다.

후지코 후지오藤子·F·不二雄의 만화 중《파맨》バーマン이라는 작품이 있다. 신비한 망토를 걸치면 시속 91킬로미터로 하늘을 날 수 있는데, 두 명이서 망토를 입고 한쪽이 다른 한쪽 다리에 매달리면 그 두 배인 시속 182킬로미터로 날 수 있다. 세 명이 뭉치면 속도가 네 배, 네 명이 뭉치면 여덟 배가 된다. 즉, 시속 728킬로미터로 날 수 있다. 부의 열차 속도도 이처럼 동료가 늘어날수록 빨라진다.

작은 꿈보다
큰 꿈이 이루기 쉽다

✦　　　　　　　소프트뱅크의 손정의는 아직 직원이 몇 명 안 되던 시절, 귤 상자에 올라가서 "우리 회사를 두부 가게로 만들겠습니다!"라고 두 시간이나 연설했다고 한다. 그것은 '이익을 1조, 2조(일본에서는 조兆와 두부를 세는 단위의 발음이 같음―옮긴이) 세는 회사로 만든다'는 의미였으나, 이 연설을 한 다음 날 직원들이 우르르 회사를 그만두었다고 한다. 그러나 훗날 소프트뱅크 그룹의 순이익은 정말 14조 원(2016년도 기준)에 달하게 되었다.

　"현재 연봉이 5,000만 원이라면 연봉 5억 원을 목표로 하라. 현 상황에서 벗어나기 위해서는 현재 수준을 훌쩍 뛰어넘는 목표를 설

정해야 한다."

이것은 코칭 전문가 히사노 가즈요시久野和義의 저서 《골드 비전》ゴールドビジョン에 실려 있는 '탈프레임워크 사고'다. 프레임워크란 비즈니스 모델을 말한다. 연봉을 열 배로 늘리려면 사업의 큰 틀과 사고 방식을 송두리째 바꿀 필요가 있다.

사실 연봉은 두 배로 늘리는 것보다 열 배로 늘리는 것이 더 쉽다. 꿈도 마찬가지다. 작은 꿈보다 큰 꿈이 더 이루기 쉽다. 예를 들어 개인적으로 호화 요트를 가지고 싶다고 말하면 아무도 들어주지 않는다. 그러나 "호화 여객선을 사서 전 세계의 난치병 어린이를 태워주고 싶다."라고 말하면 수많은 협력자가 나타날 것이다. 나 하나의 꿈이 아니라 모두의 꿈을 실현하고자 하면 많은 이들이 흔쾌히 금전적 지원을 해준다.

여럿이 힘을 모으면
꿈을 이룰 수 있다

기도의 힘이 현실에 영향을 미친다는 연구 결과가 있다. 미국 캘리포니아대학교에서 심장병 환자들을 회복을 기도한 그룹과 기도하지 않은 그룹으로 나눠 경과를 조사한 결과, 회복을 기도한 그룹에서는 병상의 진행이 더뎌졌다고 한다.

이와 비슷한 현상으로 응원의 법칙이 있다. 한 스포츠 매체가 응원을 하는 경우와 하지 않는 경우 선수의 움직임을 계측한 결과, 응원을 하는 경우 선수의 운동량이 약 20퍼센트 증가했고 선수의 신체 기능에 좋은 영향을 미치는 것으로 나타났다.

야구장에서는 응원단, 치어리더, 취주악단 그리고 관객들까지 하나가 되어 이기길 바라는 마음을 동작이나 음악으로 전달한다. 9회 말 2아웃 상황에서 대역전극이 펼쳐지는 등 기적 같은 일이 일어나는 것은 응원의 법칙이 작용해서가 아닐까?

이것은 비즈니스에도 응용할 수 있다. 구체적인 영업 목표를 세우고 목표를 달성한 영업 사원을 전 사원이 함께 축하해주는 것이다. 많은 사람의 진심 어린 응원이나 축하를 받으면 사람은 엄청난 힘을 발휘한다. 투자의 세계에도 다 같이 힘을 모아 꿈을 실현하는 방법이 있다. 인터넷으로 많은 사람에게 소액 투자를 받는 크라우드 펀딩을 이용하는 것이다. 크라우드 펀딩에 의해 지금까지 실현하기 어려웠던 기발한 사업 아이디어가 차례차례 현실이 되고 있다. '폐교된 초등학교의 리노베이션', '외딴섬의 구급 의료를 위한 비행기 도입', '자는 아이의 안전을 모니터링하는 장치 개발' 등은 누구나 성공을 빌고 응원하게 되는 아이디어다. 이처럼 다른 사람의 응원을 받아 하고 싶은 일을 실현한다는 발상은 부의 열차를 타는 데 아주 중요한 발상이다.

같은 깃털을 가진 새는
한데 모인다

✦　　　　　《끌어당김의 법칙》은 캐나다의 코칭 전
문가 마이클 로지에Michael J. Losier가 쓴 책으로, 미국 사회에 큰 반향
을 일으켰다. 이 책에는 원하는 것을 끌어당기는 방법이 실려 있다.
이 법칙은 '유유상종'이라는 말을 떠올리게 한다. 어쩌면 끌어당김
의 법칙은 전 세계적으로 보편적인 현상일지도 모른다.

　부도 마찬가지다. 부자는 부자를 끌어당긴다. 동서고금을 막론하
고 공통으로 성립하는 법칙이라 할 수 있다. 사람도 그렇다. 자신과
성격이 비슷한 사람을 끌어당긴다. 만약 당신 주위에 욕심 많은 사
람이 있다면 당신도 욕심쟁이일 확률이 높다. 만약 당신의 삶이 갈

등의 연속이라면 당신의 언동이 갈등의 원인일지도 모른다.

그럴 리가 없다고 생각할지도 모르지만 이것은 잠재의식의 문제다. 무의식적으로 바라는 것을 나도 모르게 끌어당기는 것이다. 이 잠재의식을 활용하면 꿈을 끌어당기는 것도 충분히 가능하다.

좋은 것을 끌어당기려면
좋은 사람이 되어라

나는 집과 회사의 내 공간, 심지어 화장실까지 명언이 들어간 일력을 놓아둔다. 일력을 보면서 의식 깊은 곳에 여유나 행복을 새기려고 노력한다. 특히 아침에 멍한 상태로 일력에 있는 좋은 문장을 눈에 담으면 머릿속에 그 말이 선명하게 새겨진다. 이것은 부정적인 감정을 정화하는 일종의 '의식'이라고 할 수 있다. 일력에 적혀 있는 명언 중에서 내가 가장 좋아하는 문장을 소개한다.

"온 힘을 다한 시간만이 의미 있는 시간이다."_마더 테레사

부의 열차로 갈아타기에
늦은 때란 없다

✦　　　　　　　　"내일 죽을 것처럼 살아라. 영원히 살 것처럼 배워라."

인도 독립의 아버지라 불리는 마하트마 간디가 남긴 말이다. 이 말은 우리에게 사람은 언제든지 배울 수 있고, 언제든지 변할 수 있다는 것을 가르쳐준다.

사람들을 적극적인 사람과 소극적인 사람 두 가지 유형으로 나눈다면 부의 열차에 타는 사람은 당연히 적극적인 사람이다. 소극적인 사람은 '하지만…', '그래도…' 같은 부정적인 말로 자신의 가능성에 브레이크를 건다. '나이가 많아서', '시골에 살아서', '가족이 있어서', '아이를 키워야 해서', '몸이 약해서' 등 변명만 늘어놓으며 서민 열차에 탄 채로 인생의 종착역을 맞이한다. 그러나 이런 사람도 마음만 먹으면 언제든지 부의 열차로 갈아탈 수 있다.

　꿈을 가지고 행동하는 것은 젊은이만의 특권이 아니다. 60대, 70대라도 지금까지 쌓아 온 지식과 경험, 인맥 등을 무기로 충분히 성공할 수 있다.

열차는 언제든지
갈아탈 수 있다

서두에 언급한 간디는 원래 변호사였다. 그는 인도에서 영국으로 유학을 갈 정도로 엘리트 변호사였는데 조국인 인도 사람들이 영국의 강압 정치에 고통 받는 것을 보고 독립운동에 몸을 던졌다. 그는 지위나 명예, 돈을 추구하는 대신 인도 역사에 길이 남을 위인이 되었다. 이처럼 부의 열차를 뛰어넘는 더 위대한 열차도 존재한다.

부의 열차 티켓을 사주는 것은
과거의 당신이다

✦   인생은 노를 저어 나아가는 배와 닮았다. 눈앞에는 지금까지 지나온 과거의 풍경이 펼쳐져 있다. 노를 저으려면 뒤쪽을 바라봐야 하므로 진행 방향은 보이지 않는다. 그래서 감에 의지해 방향을 잡고 나아가는 수밖에 없다. 그래도 유속이나 수면을 유심히 관찰하면 여러 가지 정보를 얻을 수 있다.

'물의 흐름이 갑자기 빨라지면 폭포에 가까워진 것일지도 모른다. 주의할 것!'

인생도 과거를 되돌아보면 미래에 무슨 일이 일어날지 알 수 있다. 이를 위해 다음과 같은 주제로 자신의 역사를 적어보자.

- 유년기 ⋯ 가족, 형제자매, 친척, 놀이, 즐거웠던 일
- 초등학생 ⋯ 잘하는 과목, 학교 행사, 여름방학, 표창장
- 중학생 ⋯ 못하는 과목, 운동, 동아리 활동, 첫사랑
- 고등학생 ⋯ 콤플렉스, 친구, 음악, 연애, 수험 공부
- 대학생 ⋯ 수업, 아르바이트, 미팅, 실연, 졸업 논문, 취업 준비
- 사회인 ⋯ 일, 인간관계, 취미, 여행, 결혼, 육아

현재 회사원이라면 직함도 적어보라. 신입 사원, 대리, 과장으로 구분하면 자신의 성장과 그에 따른 사회적 역할 변화를 눈으로 확인할 수 있다. 자신의 장단점도 객관적으로 살펴보고 정리해볼 수 있어 자신의 강점과 그것을 살리는 방법도 찾을 수 있을 것이다.

과거에 잠들어 있는 재능의 원석을 발굴하라

나는 중학교 때 욕실도 없는 주택에서 신축 단독주택으로 이사했다. 그때의 감동은 지금도 잊을 수 없다. 만약 내가 부잣집에서 태어났다면 부동산 비즈니스라는 천직을 만나지 못했을 것이다.

살다보면 누구나 상처 받고 그로 인해 콤플렉스가 생기기도 한다. 가난으로 학업을 포기하거나 학교 동기들에게 심한 괴롭힘을 당하

기도 하고, 큰 병으로 오랫동안 병상에 누워 있었거나 친구에게 배신을 당해 어느 누구도 믿지 못하게 되는 등 각자 정도의 차이는 있겠지만 쓰라린 과거를 극복하기 위해 필사적으로 노력하여 성공을 거머쥔 사람도 수없이 많다.

부의 열차 티켓을 사주는 사람은 과거의 자신뿐이다.

꿈을 끊임없이
이야기하라

이 책도 곧 목적지에 도착한다. 내릴 준비는 되었는가?

부의 열차는 보통 열차와 다른 점이 하나 있다. 그것은 '자리 양보'다. 보통 열차에서는 젊은이가 노인에게 자리를 양보한다. 그러나 부의 열차에서는 노인이 젊은이에게 자리를 양보하고 내린다. 자리를 양보한다는 것은 자신의 자리를 다음 세대에 넘겨준다는 뜻이다.

부의 열차가 종착역에 도착하면 당신은 열차에서 내리게 된다. 역의 플랫폼에서는 지금까지 당신을 지지해준 가족, 친구 등 수많은 사람들이 박수와 함성으로 당신을 맞아줄 것이다.

여행은 여기서 끝이 아니다. 당신이 내린 뒤에도 계속된다. 다음 승객은 당신의 아이, 배우자, 친구일지도 모른다. 혹은 많은 사람을 위해 인생을 바친 사람일지도 모른다. 그런 사람에게 자리를 양보하고 싶겠지만 당신이 열차를 타는 데 사용한 티켓은 다른 사람에게 줄 수 없다. 왜냐하면 부의 열차 티켓은 본인에게만 유효하기 때문이다. 단, 부의 열차에 타는 법은 가르쳐줄 수 있다. 그리고 티켓을 가진 사람에게는 언제든 자리를 양보할 수 있다.

이처럼 당신은 언젠가 부의 열차에 오르는 사람을 응원하는 쪽에 서게 된다. 당신에게 자리를 양보 받은 사람도 언젠가는 부의 열차에서 내릴 것이다. 그 역시 다른 사람을 응원하는 쪽에 설 것이다. 이렇게 부의 열차의 여행은 끝없이 이어진다.

부의 열차는 공상 속 존재가 아니라 실재하는 열차다. 같은 꿈을 가진 동료들의 집합체가 바로 열차 그 자체다. 부의 열차를 달리게 하는 에너지는 승객들의 꿈의 힘이다. 그러므로 꿈이 없는 사람은 절대 탈 수 없다. 요즘은 꿈을 잃어버린 채 살아가는 사람이 많다. 그렇기 때문에 더더욱 많은 사람들을 향해 꿈을 이야기해야 한다. 당신이 꿈을 이야기하면 누군가는 용기를 얻는다. 그 누군가가 자신의 꿈을 이야기하기 시작할지도 모른다. 그런 사람이 점점 늘어나면 분명 세상은 밝고 즐겁고 풍요로워질 것이다.

스에오카 요시노리